AF330615

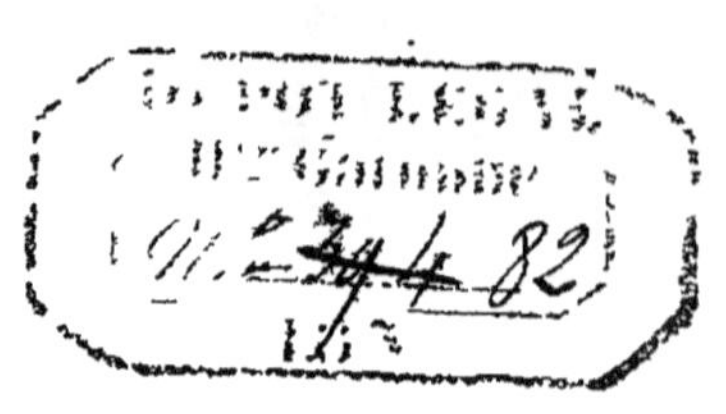

SAUVONS LA FRANCE

Toulouse, imprimerie J.-M. Baylac, rue de la Pomme, 34.

SAUVONS LA FRANCE

Souvenirs historiques d'un proscrit (p. 1).

DE 1789 A 1871

QUEL A ÉTÉ

LE MEILLEUR GOUVERNEMENT

Quel est le gouvernement
qui pourra sauver la France si la République
est impossible

Par Auguste BOUCHAGE,

Avocat.

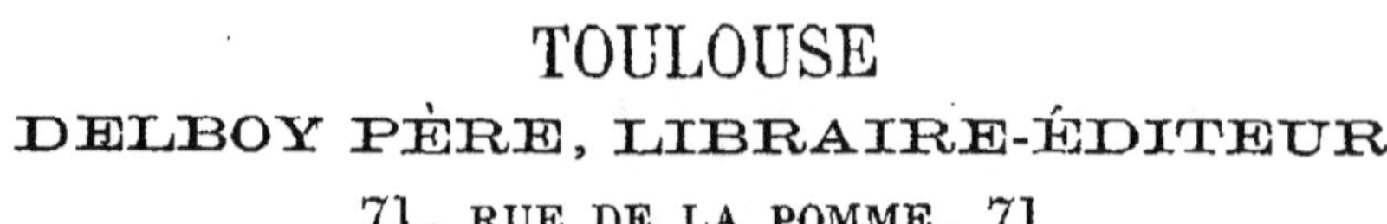

TOULOUSE
DELBOY PÈRE, LIBRAIRE-ÉDITEUR
71, RUE DE LA POMME, 71

1871

SAUVONS LA FRANCE

Souvenirs historiques d'un Proscrit (p. 1).

On se tromperait si l'on cherchait, ailleurs que dans les révolutions qui se sont succédées depuis 1789, la cause de nos malheurs, de nos revers, de nos humiliations, de ces commotions, enfin, qui ont ouvert le cratère anarchique qui épouvante, en ce moment, la société française et menace de l'engloutir tout entière (1).

Sans doute, la sape révolutionnaire a abattu les abus, brisé les priviléges, accéléré les pas du progrès, inauguré le dogme de l'égalité; mais que de sang, que de larmes, que de désolations ont jailli de chacun de ses coups!..... De plus, les passions, les perversités démagogiques, tout à fait dégagées, à la faveur des libertés, des liens qui les contenaient, n'ont-elles pas grandi d'audace, n'ont-elles pas préparé, tout à l'aise, leurs assauts sacriléges contre la société?

Par *l'affranchissement de la presse*, n'ont-elles pas infiltré dans les masses ces théories délétères, qui nient Dieu, la famille, la propriété!...

Avec le *droit d'association*, n'ont-elles pas recruté et organisé l'armée de l'émeute!...

(1) Ces lignes s'écrivaient pendant que la Commune de Paris était en pleine insurrection, et qu'une lutte terrible était engagée entre elle et l'armée.

Avec le *droit de réunion*, n'ont-elles pas prêché au prolétaire, à tous les déshérités de la fortune, l'envie et la haine envers ceux qui possèdent : la logique du vol ; l'excuse de la violence ; la nécessité de l'assassinat!...

Avec le *droit de grève*, n'ont-elles pas détaché l'ouvrier de son chantier de travail pour en faire un séditieux ou un conspirateur!...

On l'a dit avec raison, les révolutions sont semblables à ces feux qui jettent une vive clarté, mais qui incendient, ou à ces torrents qui fécondent, mais qui dévastent en même temps.

Est-ce que l'ère du progrès, de l'égalité ne se fût pas produite sous la succession de nos rois légitimes, et sans compromettre aucun des grands intérêts moraux de la société, sans ébranler le sol de la patrie, en le tenant, au contraire, toujours fortement consolidé?

N'ont-ils pas, d'abord, nos rois légitimes, préparé les voies du progrès?

Examinons :

I

Laissons tomber un instant nos regards sur cette France, aujourd'hui si humiliée, si dégradée, si appauvrie. Ne fut-elle pas la plus grande des nations, non-seulement par l'éclat de ses armes, mais encore par sa gloire littéraire et artistique, par l'importance de son commerce et de ses richesses agricoles, par sa civilisation morale?

De quelle époque date sa grandeur?.....

Qui inaugura sa valeur guerrière proverbiale?

N'est-ce pas Clovis, Charlemagne, saint Louis, Henri IV?

Qui fit la conquête de la plus forte portion de son territoire? N'est-ce pas encore les deux premiers de ces rois?

Qui la traita en père affectueux et dévoué? N'est-ce pas Louis XII?

Qui façonna ses mœurs chevaleresques ? N'est-ce pas François Ier?

Qui lui donna ses franchises municipales, objet de toutes ses prédilections? N'est-ce pas Louis-le-Gros, Philippe-le-Bel?

Qui la couronna reine des lettres? N'est-ce pas Louis XIV?

Qui lui inspira le culte de l'indépendance des peuples? N'est-ce pas Louis XVI qui brava les ressentiments de l'Angleterre, pour protéger la liberté du nouveau monde (1)?

Sans doute, dans ces pléïades de monarques qui

---

(1) « Dans trois années Louis XVI se crée une marine formida-
» ble, et par une politique aussi juste que sage, il porte un coup
» terrible à l'Angleterre et abaisse l'orgueil de cette antique rivale,
» en reconnaissant et soutenant l'indépendance des États-Unis
» d'Amérique. De l'argent, des armes, des munitions, des troupes,
» tout est fourni aux Américains. Tandis que des flottes françaises,
» sous les ordres des comtes d'Orvilliers, d'Estaing, de Grasse,
» de Vaudreuil, de Guichen et de Lamothe-Piquet, battent l'en-
» nemi commun, nettoient la Manche et l'Océan, s'emparent des
» Antilles, l'illustre Washington et son ami le marquis de La-
» fayette, font prisonniers de guerre le lord Cornwalis et son
» armée.....
» Des succès aussi éclatants font entendre raison au cabinet de

constituent la monarchie héréditaire, on rencontre des
défaillances, des erreurs, des fautes; quelles sont les
dynasties , les gouvernements même les plus démocra-
tiques qui en furent exempts?

Au résumé, quelque critique que l'on puisse soulever
contre nos rois légitimes, ce sont eux qui ont fait la
France telle qu'elle était avant nos malheureux événements; qui l'ont dotée de son magnifique territoire; qui
ont dirigé son génie dans les arts, les sciences, les lettres, l'industrie, l'agriculture; qui l'ont entourée des
lauriers des plus glorieuses et des plus solides victoires,
qui ont assuré sa prépondérance en Europe.

II

Nos rois légitimes n'ont-ils pas secondé encore les
élans de la nation vers cet idéal de réformes qui exal-
tait les esprits aux grandes époques de 89 ?

Plus tard, ne les ont-ils pas acceptées, ces réformes,
ne les ont-ils pas maintenues de la meilleure bonne foi,
avec la plus scrupuleuse loyauté? N'ont-ils pas toujours
été disposés à leur donner toutes les extensions que
pouvaient demander les idées du temps, les circonstances?

» Saint-James, et quoiqu'en frémissant, il traite d'égal à égal
» avec les anciennes colonies et reconnaît leur indépendance.
    » M. le marquis de Suffren continuant d'immortaliser son nom
» dans les mers de l'Inde, le cabinet signe également le traité de
» Versailles du 3 septembre 1783, cette paix on ne peut plus hono-
» rable pour la France, etc., etc. »
    (L. MAIRE, *Tableau de l'Histoire de France :* Louis XVI.)

Que nous révèle l'histoire?

Un fait qui passe inaperçu, et qui pourtant favorisa l'éclosion de toutes nos grandes libertés.

Lors de la convocation des États-Généraux, Louis XVI veut bien concéder au Tiers-État un nombre double de représentants, égal par suite à celui des deux ordres ensemble, de la noblesse et du clergé (1).

Quelle fut la conséquence de cette mesure si sensée, si libérale?

Celle-ci :

Les députés du Tiers-État arrivèrent à la majorité, ainsi qu'ils l'avaient eue jadis, sous la seconde et première race aux Assemblées des Champs-de-Mars et de Mai, et purent faire passer toutes les réformes consignées dans leurs cahiers qui résumaient les aspirations du peuple français.

Par suite, cette Assemblée *des États-Généraux* qui changea sa dénomination en celle d'*Assemblée nationale*, parce que le principal élément du pays y dominait, les représentants de la bourgeoisie et des classes inférieures, eut bientôt accompli l'œuvre de la régénération.

On vit en quelques mois, la torture abolie; la juridiction criminelle réformée; l'introduction du jury; la liberté des cultes en principe; l'abolition des lettres de cachet et des vœux monastiques; la liberté individuelle

---

(1) Dans tous les bureaux des notables, excepté dans celui que présidait le comte de Provence, frère de Louis XVI, on avait refusé d'accorder aux plébéiens un double nombre de représentants pour faire *équilibre entre le peuple et les deux ordres privilégiés*. Louis XVI et Marie-Antoinette furent d'avis d'accueillir les vœux du bureau présidé par le comte de Provence.

et la liberté de la presse consacrées ; l'égalité propor-
tionnelle des charges publiques ; la suppression des
douanes intérieures ; la division du territoire français en
départements établissant l'unité administrative ; l'abolition des dîmes et des droits féodaux ; la suppression des
maîtrises, jurandes, de la vénalité des charges ; l'insti-
tution de la garde nationale ; l'ordre, l'uniformité in-
troduites dans le système financier comme dans la loi.

Louis XVI, dans le fond de son cœur, applaudit à
toutes ces réformes ; il les avait approuvées d'avance,
car il avait dit dans son discours d'ouverture :

« Mes vœux sont conformes au vif désir que j'ai
» d'opérer le bien public ; et si, par une fatalité loin
» de ma pensée, vous m'abandonniez dans une si belle
» entreprise, seul je ferais le bien de mes peuples, seul
» je me considérerais comme leur véritable représen-
» tant ; et *connaissant vos cahiers*, connaissant l'accord
» parfait qui existe entre le vœu le plus général de la
» nation et mes intentions bienfaisantes, j'aurais toute
» la confiance que doit m'inspirer une si rare har-
» monie, et je marcherais vers le but auquel je veux
» atteindre, avec tout le courage et la fermeté qu'il
» doit m'inspirer. »

Malgré la résistance qu'il rencontre autour de lui, et
les sacrifices qu'il en coûte à son amour-propre, il con-
sent, de plus, à toutes les concessions que réclament
l'opinion publique, le vœu de l'Assemblée nationale,
et quelquefois le caprice seul de l'insurrection.

Aussi, un jour, quand encore l'expansion publique
n'était pas étouffée sous la compression passionnée de

la démagogie, il est proclamé du haut du balcon de l'Hôtel-de-Ville, *Père du peuple, restaurateur de la liberté française*, et accueilli par ces paroles qui demeureront dans l'histoire, comme l'éternelle justification de ses intentions libérales (1) :

« Eh bien, citoyens, êtes-vous satisfaits... Le voilà le
» roi que vous réclamiez à grands cris et dont le nom
» excitait vos transports... Jouissez de sa présence et de
» ses bienfaits. Voilà celui qui vous a rendu vos assem-
» blées nationales et qui veut les perpétuer. Voilà ce-
» lui qui a voulu établir vos libertés et vos propriétés
» sur des fondements inébranlables. Voilà celui qui
» vous a offert, pour ainsi dire, d'entrer avec lui
» en partage de son autorité, ne se réservant que
» celle qui est nécessaire pour votre bonheur, celle qui
» doit à jamais lui appartenir, et que vous-même devez
» le conjurer de ne jamais perdre. Ah ! qu'il recueille en-
» fin des consolations ! Que son cœur noble et pur em-

(1) Cette scène eut lieu le 17 juillet 1789, trois jours après la prise de la Bastille..... Louis XVI arrive à l'Hôtel-de-Ville ; Bailli lui présente la nouvelle cocarde nationale; Louis XVI n'hésite pas à la recevoir comme un hommage, et s'en décore. A cet instant, une acclamation frénétique retentit jusques aux nues. « Vous le » voyez, Sire, dit Moreau de Saint-Méry, le trône n'est jamais » plus assuré, que quand il est gardé par l'amour du peuple ; » et le procureur de la ville, Ethis de Corny, proclame Louis XVI *Père du peuple, restaurateur de la liberté française.* Ensuite, dans la Salle du Trône, au milieu des électeurs et des membres de la municipalité, Lally-Tollendal, secrétaire de Necker, nom si populaire dans le moment, fait demander au roi, par Bailli, la permission de parler, et s'exprime dans les termes que nous venons de rapporter.
Ces faits sont consignés dans le *Moniteur* et dans toutes les Histoires de France.

» porte d'ici la paix dont il est si digne! Et puisque,
» surpassant les vertus de ses prédécesseurs, il a voulu
» placer sa puissance et sa grandeur dans notre amour,
» n'être obéi que par l'amour, n'être guidé que par
» l'amour, ne soyons ni moins généreux, ni moins sen-
» sibles que notre roi, et prouvons-lui que même sa
» puissance, même sa grandeur, ont plus gagné mille
» fois qu'elles n'ont sacrifié. »

Ces paroles de Lally-Tollendal étaient d'une éclatante vérité. Sans nous livrer à de trop longues digressions, est-ce que le régime constitutionnel tout entier ne sortit pas des entrailles de 89 et de 90 ? est-ce que les grandes conquêtes sur le pouvoir absolu, sur la théocratie, sur l'aristocratie, sur la féodalité, sur les préjugés anciens, ne s'opérèrent pas à cette époque? (1).

Que fit 93 ? ajouta-t-il quelque chose à nos libertés ? Non. Il ne fit que les déshonorer par de sanglantes immolations ; il prépara le despotisme militaire, despotisme qui se serait perpétué indéfiniment, ainsi que l'observe un grand écrivain (2), *si celui qui avait rendu la gloire sa complice, avait su mettre quelques modérations dans la jouissance de la victoire.*

(1) « La Constituante n'avait pas laissé en souffrance, en arrière
» ou en oubli, une seule des vérités que la philosophie du XVIIIe
» siècle avait découvertes ou promulguées sur le monde. Elle
» avait eu non-seulement l'intelligence, mais le courage de ces
» vérités. La noblesse et son clergé, avaient porté la main jusque
» sur eux-mêmes. L'assemblée ne s'était arrêtée que devant le
» Trône. Elle avait construit, en réalité, la république ; mais elle
» avait continué, pour l'oreille du peuple, à appeler cette république
» monarchie. »   (LAMARTINE, *Les Constituants*, t. IX, p. 409.)

(2) Châteaubriand.

Et quand on parle, avec enthousiasme, des ins-
pirations de 93 qui assurèrent nos succès militaires, on
se trompe encore : ce ne furent pas, certes, la présence
des commissaires de la Convention aux armées, et la
guillotine qu'ils traînaient après eux, qui enfantèrent nos
triomphes. Si nos soldats firent des prodiges, c'est parce
que leur patriotisme, leur valeur, l'habileté improvisée
de leurs chefs, se trouvèrent à la hauteur des dangers
du moment ; et ils prouvèrent bien, en restant toujours
à l'écart des excès révolutionnaires et en ramenant ensuite l'ordre en France, qu'ils n'avaient obéi, en repous-
sant avec tant d'énergie l'invasion étrangère, qu'à
un seul sentiment, celui de l'honneur et du devoir.

C'est pourtant ce roi Louis XVI qu'on abreuva d'ou-
trages et d'humiliations ; qui ne cessa d'être en butte
aux colères les plus furieuses, aux haines les plus im-
placables.

C'est ce roi, qu'on vint plusieurs fois menacer et vio-
lenter dans son palais, et que l'on calomniait ensuite, en
le qualifiant d'*assassin du peuple* (1).

C'est ce roi, que l'on précipita du Trône quand il venait d'y laisser asseoir, à côté de lui, toutes les
franchises, toutes les libertés que la nation pouvait rai-
sonnablement désirer.

______

(1) Cette calomnie était une de celles qui blessait le plus
Louis XVI. Aussi, lors de son jugement, quand on produisit
contre lui ce chef d'accusation, *d'avoir fait répandre le sang du
peuple*, l'indignation se peint sur ses regards et il s'écrie : « Non,
» Messieurs, ce n'est pas moi ! toutes les autorités constituées
» l'ont vu, le château et ma vie étaient menacés ; et comme j'étais
» moi-même une autorité constituée, je devais me défendre. »
(Biographie des Contemporains, p. 114.)

C'est ce roi, en qui l'amour de ses sujets était une passion, l'honnêteté une vertu dominante, la bonté un besoin du cœur, la longanimité une habitude (1), que les Girondins, pour donner leur gage à la République naissante, et les Jacobins, par scélératesse pratique, assassinèrent le 21 janvier 1793, après avoir fait semblant, par une odieuse hypocrisie, de le faire juger par la Convention (2): assassinat qui fut le prélude de ces orgies révolutionnaires qui épouvantent encore les généra-

(1) Deux faits seuls, entre mille, pour caractériser la bonté et la longanimité de Louis XVI.

Après le fameux serment du Jeu-de-Paume, les députés affirment, comme on sait, leur volonté de rester dans la salle et de continuer leurs délibérations pour s'occuper de la Constitution. Le marquis de Brézé, grand maître des cérémonies, vient leur faire injonction de se retirer. Mirabeau, organe de ses collègues, fait cette réponse si fière, si grandiose d'indépendance et d'énergie :

« Allez dire à votre maître que nous sommes ici par la volonté de la nation, et que nous n'en sortirons que par la puissance des bayonnettes. »

On rapporte cette réponse et cette détermination à Louis XVI. La désobéissance était flagrante, le mépris de son autorité carrément exprimé. Les ministres, les courtisans s'en émeuvent ; ils croient que Louis va prescrire quelque mesure coercitive ; pas du tout ; il se fait répéter plusieurs fois le récit de la désobéissance, puis, reprenant sa promenade avec ceux qui l'entourent, il se contente de dire :

« Ils veulent donc rester dans la salle et continuer leurs délibé-
» rations... Eh bien ! qu'on les y laisse. »

Avant la prise de la Bastille on lui conseille l'énergie, la fermeté pendant qu'il en est encore temps. Que répond-il ?

« Ne me parlez plus d'un coup d'autorité, d'un grand acte de
» pouvoir : je crois plus prudent de temporiser, de céder à l'orage,
» et de tout attendre du temps, du réveil des gens de bien, de
» l'amour des Français pour leur roi. »

(13 juillet, Lettre de Louis XVI à son frère le comte d'Artois).

(2) Nos expressions seraient-elles trop fortes ?
Écoutons Robespierre et Saint-Just à la séance de la Conven-

tions ; et pendant lesquelles le sang de tout ce qu'il y avait de plus grand, de plus illustre, de plus probe en France, ruissela sur l'échafaud ; qui marquèrent aussi dans l'histoire, un nouveau règne bien horrible , celui de la Terreur !...

III

Passons sous silence le premier Empire qui apparut sur la France comme un brillant météore, mais qui s'entacha bientôt du plus intolérable despotisme ; *huma*, pour rappeler la belle expression de M. Laîné, par des guerres incessantes et purement d'ambition, *le sang de toute la jeunesse française, comme le soleil hume les*

---

tion , où fut agitée la question de savoir si l'on ferait passer Louis XVI en jugement :

« On vous dit, s'écrie Saint-Just, que le roi doit être jugé en
» citoyen ? et moi j'entreprends de vous prouver qu'il doit être
» jugé en ennemi. Nous n'avons pas à le juger, nous avons à le
» combattre..... On s'étonnera qu'au XVIII⁰ siècle on ait été moins
» avancé que du temps de César. Le tyran fut immolé en plein
» Sénat, sans autre formalité que vingt-deux coups de poignard ;
» et aujourd'hui l'on fait avec respect le procès d'un assassin du
» peuple..... »

« Les peuples lancent la foudre , s'écrie à son tour Robespierre,
» voilà leur arrêt. Ils ne condamnent pas les rois, ils les suppri-
» ment, ils les replongent dans le néant... Tarquin fut-il appelé en
» jugement ? »

Quelles dispositions , quels sentiments pour des juges !...

Aussi, lors du procès, cette exclamation sévère autant que hardie, s'échappa-t-elle de la bouche de la défense :

« Je cherche parmi vous des juges , et je n'y vois que des accu-
» sateurs ! »

(DESÈZE.)

Traduction libre :

« Je cherche parmi vous des juges , et je n'y vois que des bour-
» reaux !..... »

vapeurs du matin ; et laissa, après l'avoir éblouie et fascinée par les prestiges de la victoire, la patrie haletante sous les étreintes de deux invasions.

IV

Arrivons à la Restauration de nos rois légitimes qui s'opère en 1814, non, ainsi que l'esprit de parti l'a prétendu, parce que l'étranger, qui certes n'avait jamais songé à travailler pour elle, l'a imposée (1), mais parce

(1) Voici la preuve de ce que nous avançons :

Wellington occupait les frontières du Midi de la France : les royalistes s'agitaient déjà dans les Pyrénées, à Bordeaux, à Toulouse. Mais loin de leur donner quelques espérances pour le rétablissement de la dynastie des Bourbons, le général anglais écrit à son gouvernement :

« Il faut sans doute, pour la paix du monde, que l'Europe ex-
» pulse Bonaparte ; mais il importe peu qu'il soit remplacé par un
» prince de la maison de Bourbon, ou par tout autre, d'une maison
» couronnée... »

Qu'écrit encore ce général, après le 18 mars, au duc d'Angoulème ?

« C'est contre mon avis et ma manière de voir, que certaines
» personnes de Bordeaux ont jugé convenable de proclamer
» Louis XVIII..... Si d'ici à deux jours, vous n'avez pas démenti
» la proclamation du maire de Bordeaux, je la démentirai moi-
» même... »

Quelle fut l'attitude des souverains entrant à Paris, et entendant sortir de la foule, les cris de : *Vive le Roi! vive les Bourbons!*

« *Cette manifestation,* disent les historiens, *paraît les étonner; ils*
» *sont loin d'y souscrire...,* ils *la regardent comme prématurée...,* ils
» *font signe de la main, de contenir cet enthousiasme.* »

On connaît le sentiment personnel de l'empereur Alexandre : Il inclinait pour appeler au trône de France un des grands capitaines de l'armée française, qui pouvait en être digne par ses talents, son caractère. Plus d'une fois, il murmura le nom de Bernadotte qui venait de servir la coalition, qui avait fourni les plans de bataille de Leipsig.

que les sympathies populaires avaient volé au devant
d'elle, parce qu'elle était aimée d'instinct ; parce que
le bon sens des masses entrevoyait en elle, le retour de
la confiance, les bienfaits de la paix, la prospérité in-
faillible de la France.

Que fut Louis XVIII ?

Qui fit fléchir la détermination des souverains en faveur des
Bourbons? Ce fut Talleyrand, qui voyant le courant irrésistible du
sentiment public pour la restauration de la monarchie héréditaire,
s'empresse de venir lui prêter son appui, esperant en devenir le
Mentor.

« Il n'y a que deux choses possibles ici, dit-il dans la réunion des
» souverains, en s'adressant plus particulièrement à Alexandre,
» Napoléon ou Louis XVIII. L'empereur ne peut avoir de rempla-
» çant sur le trône qu'un roi par le droit. Tout roi par la victoire
» ou par le génie, serait plus petit que lui. Il est le premier soldat ;
» après lui, il n'y en a pas un en France ou dans le monde, qui
» puisse faire marcher dix hommes pour sa cause. Tout ce qui n'est
» pas Napoléon ou Louis XVIII, Sire, est une intrigue. »
(LAMARTINE, *Histoire de la Restauration* ; t. I, p. 208.)

Les souverains sont entraînés par ce raisonnement, mais ils ne
veulent rien imposer néanmoins encore, de leur chef, de leur
autorité.

« Nous sommes étrangers, dit Alexandre, nous ne pouvons
» disposer du trône. Nous ne pouvons rappeler des princes que la
» nation ne recevrait peut-être pas de nos mains. »

Que se bornent-ils à déclarer? Qu'ils ne traiteront plus avec
Bonaparte ni avec aucun membre de sa famille ; et ils invitent le
Sénat et la Chambre à former un gouvernement provisoire qui
prendra les rênes de l'administration et préparera la constitution
qui conviendra au peuple français.

Cette déclaration des souverains rendue publique, une nouvelle
manifestation imposante se produit en faveur des Bourbons dans
tout Paris. Des groupes, des réunions se forment, où se
rencontrent les hommes les plus honorables de toutes les conditions. Il est décidé qu'on enverra une députation de quatre membres auprès de l'empereur Alexandre, laquelle lui exprimera le vœu
de la population de Paris pour le rétablissement de la dynastie des
Bourbons, vœu qui n'est que l'écho de celui de toute la France. A
l'instant, MM. de Choiseul-Ferrand, Chateaubriand, Sosthène de

2

Comment s'annonce-t-il, déjà, de l'exil ?

Intimidé par les victoires de la République française, le gouvernement vénitien enjoint à Louis de quitter l'asile où il s'est réfugié à Vérone.

« J'en sortirai, répond Louis avec fierté ; mais aupa-
» ravant, il faut que l'on raye du livre d'or six noms de

Larochefoucaud, désignés par ces réunions, se rendent auprès de l'empereur Alexandre. Il était nuit, l'heure avancée, l'empereur Alexandre était déjà livré au sommeil ; mais son ministre, M. de Nesselrode, fait un accueil des plus empressés à la députation, et lui répond :

« Je quitte l'Empereur, je connais sa volonté. Retournez à ceux
» qui vous envoient, et dites-leur, dites à tous les Français que
» l'Empereur accueille leur vœu, si fortement manifesté aujourd'hui
» sous ses yeux, et qu'il va rendre la couronne à celui à qui elle
» appartient. Louis XVIII remontera sur le trône de France. »

Telle est la vérité vraie. Ce furent les souvenirs pieux et traditionnels de nos anciens rois, l'impulsion instinctive du moment, un enthousiasme spontané s'élevant dans le cœur des Français, qui imposèrent les Bourbons. Ils rentrèrent, encore, par le cours forcé des choses, par ce reflux de la vague qui ramène si souvent au rivage, ce qu'elle en a enlevé dans un moment de tempête et de débordement.

C'est ce même enthousiasme spontané, qui fit à Louis XVIII une réception dont l'histoire fournit peu d'exemples, et que M. de Chateaubriand a rendu en termes si saisissants .

« Un homme arrive de l'exil, dépouillé de tout, sans suite, sans
» richesses ; il n'a rien à donner, presque rien à promettre. Il des-
» cend de sa voiture appuyé sur le bras d'une jeune femme. Il se
» montre à des capitaines qui ne l'ont jamais vu, à des grenadiers
» qui savent à peine son nom. Quel est cet homme ? C'est le fils de
» saint Louis, c'est le roi ! Tout tombe à ses genoux. »

Faut-il une dernière circonstance pour établir que les Bourbons ne durent pas le recouvrement de leur trône aux étrangers ? la voici :

L'empereur Alexandre, pendant son séjour à Paris, s'était rendu populaire au parti impérialiste d'alors ; il avait accepté un déjeuner chez le maréchal Ney ; il recevait aussi dans ses salons, leur faisant bon accueil, un grand nombre de sénateurs de l'Empire. Dès que Louis XVIII arrive à Paris, il croit devoir se poser en négociateur

» ma famille, et qu'on me rende l'armure de mon aïeul
» Henry IV dont j'ai fait présent à la République véni-
» tienne. »

Expulsé des États vénitiens, et n'ayant pu obtenir de l'Autriche de rester à l'armée de Condé, Louis se retire à *Dillingen*, sur le Danube. Là un attentat est commis sur sa personne; un coup de fusil part d'une maison, effleure son front, fait couler le sang. — « Ah !

impérieux, et lui donne à entendre qu'il a, en quelque sorte, à compter avec le Sénat de l'Empire dont il grossit l'importance. Selon lui, pour tout concilier, affermir la concorde, il conviendrait qu'il parût recevoir la couronne du Sénat, en échange d'une constitution qu'il donnerait, mais qui, au fond, serait dictée encore par le Sénat.

Voici la réponse de Louis XVIII, qui ne fut pas celle d'un obligé :

« Je suis étonné d'avoir à rappeler à un empereur de Russie que
» la couronne n'appartient pas aux sujets. A quel titre un Sénat,
» instrument et complice de toutes les violences et de toutes les
» démences d'un usurpateur, peuplé de ses plus serviles et de ses
» plus criminelles créatures, disposerait-il de la couronne de
» France !

» Je suis trop éclairé pour attacher au droit divin la signification
» que les superstitions populaires y attachèrent jadis. Mais le droit
» divin, qui n'est pour moi comme pour vous qu'une loi de bon
» sens passée en politique immuable, dans la transmission héré-
» ditaire du droit de souveraineté, est devenu aussi une loi de la
» nation.....

» C'est en vertu de ce seul titre que je suis ici..... Je n'en ai
» pas d'autres, je n'en veux pas d'autres pour présenter à la
» France et au monde..... Quel autre droit aurais-je, hors de ce
» droit que le sang a fait couler dans mes veines? Qui suis-je?.....
» Un vieillard infirme, un malheureux proscrit, réduit longtemps
» à emprunter une patrie et du pain aux terres étrangères.....
» Mais ce vieillard, ce proscrit était le roi de France..... Voilà
» pourquoi ma nation entière, qui ne me connaît que par ce nom,
» m'a rappelé au trône de mes Pères. Je reviens à sa voix, mais
» j'y reviens roi de France, ou je ne suis encore qu'un proscrit. »

(LAMARTINE, *Histoire de la Restauration*, t. II, p. 269.)

» Sire, s'écrie le comte d'Avaray, un peu plus bas !...
» — Eh ! bien, un peu plus bas, reprend Louis avec
» le plus grand calme, le roi de France s'appelait Char-
» les X. »

Le 26 février 1803, un émissaire du premier Consul vient à Varsovie, que Louis habitait sous le nom de comte de Lille, et lui fait en termes respectueux, mais pressants, la proposition de renoncer au trône de France, et d'exiger la même renonciation de tous les membres de la maison de Bourbon. Des indemnités convenables, et même une brillante existence (le royaume de Pologne ou de grandes possessions en Italie) seront le prix de cette renonciation.

Louis, pour toute réponse, remet à l'émissaire du premier Consul la lettre suivante :

« Je ne confonds pas M. Bonaparte avec ceux qui
» l'ont précédé ; j'estime sa valeur, ses talents militai-
» res ; je lui sais gré de plusieurs actes d'administra-
» tion, car le bien qu'on fera à mon peuple me sera
» toujours cher. Mais il se trompe s'il croit m'engager
» à transiger sur mes droits. Loin de là, il les établi-
» rait lui-même, s'ils pouvaient être litigieux, par la
» démarche qu'il fait en ce moment. J'ignore quels
» sont les desseins de Dieu sur ma race et sur moi ;
» mais je connais les obligations qu'il m'a imposées
» par le rang où il lui a plu de me faire naître. Chré-
» tien, je remplirai ces obligations jusqu'à mon dernier
» soupir ; fils de saint Louis, je saurai, à son exemple,
» me respecter jusque dans les fers ; successeur de

» François Ier, je veux du moins pouvoir dire comme
» lui : Tout est perdu hors l'honneur (1).

Après l'assassinat du duc d'Enghien, qui souleva l'indignation de l'Europe , l'Espagne, néanmoins, n'hésite pas à reconnaître le gouvernement de Napoléon. Le roi d'Espagne, en outre , essaie, paraît-il, de modérer les préventions de Louis contre le nouvel empereur des Français. Louis, à l'instant , renvoie au roi d'Espagne les insignes de la Toison-d'Or et le subside qu'il en recevait, avec ces quelques lignes :

« C'est avec regret que je vous renvoie la Toison-
» d'Or que votre père, de glorieuse mémoire, m'a-
» vait conférée. Il ne peut y avoir rien de commun
» avec le grand criminel que l'audace et la fortune ont
» placé sur mon trône, depuis qu'il a eu la barbarie
» de se teindre du sang innocent d'un Bourbon, le duc
» d'Enghien. La religion peut m'engager à pardonner
» à un assassin, mais le bourreau de mon peuple doit
» toujours être mon ennemi. Dans le siècle présent,
» il est plus heureux de mériter un sceptre que de le
» porter. La Providence, par des motifs incompréhen-
» sibles à notre sagesse, peut me condamner à finir
» mes jours en exil; mais ni la postérité, ni mes con-
» temporains ne pourront dire que dans le temps de
» l'adversité, je me suis montré indigne d'occuper
» jusqu'au dernier soupir, le trône de mes ancêtres (2). »
Que fut Louis XVIII ?

(1) *Biographie des Contemporains* , p. 122.
(2) Vie de Louis XVIII en Allemagne, LAMARTINE, t. II. *Hist.*, *de la Rest.* p. 51.)

Ne fut-il pas le roi libéral par excellence ? Sous son règne, les institutions constitutionnelles ne reçurent-elles pas une entière consécration ?

Où vient-il choisir ses ministres ? parmi les hommes les plus libéraux de l'époque. Les Fouché, les Talleyrand, les Decaze sont chargés des portefeuilles les plus importants.

Quel accueil fait-il aux maréchaux de l'Empire, à ces vétérans de la gloire française, qui personnifiaient, pour la plupart, les héros de la première République, imbus tous des idées, des principes de notre révolution qui avait ouvert leur carrière et préparé leur élévation ? Il leur témoigne les plus vives sympathies ; il a pour chacun un mot heureux empreint du souvenir de leurs belles actions individuelles ; puis, prenant leur bras, avec la familiarité d'un vieil ami, alors qu'il les voit pour la première fois, il les laisse émus jusqu'à l'attendrissement par cette allocution : « C'est sur vous, » Messieurs, que je veux désormais m'appuyer ; appro» chez et entourez-moi. Vous avez été toujours bons » Français ; j'espère que la France n'aura pas besoin » de votre épée. Mais si jamais, ce qu'à Dieu ne » plaise, on nous forçait à la tirer, tout infirme que » je suis, je marcherai avec vous (1). »

Comment révèle-t-il son patriotisme ?

L'étranger vainqueur entendait démembrer la France, la mutiler et s'en partager les lambeaux. Richelieu,

(1) Cette allocution est rapportée par tous les historiens de France.

premier ministre, qu'une intimité de longue date unissait à l'Empereur Alexandre (1), était parvenu à obtenir de lui, que la France conserverait ses anciennes frontières de 1790. Mais cette concession immense mécontentait l'Autriche, la Prusse, la Hollande et les autres petites puissances; elle ne satisfaisait pas non plus l'âme si grande de Richelieu, qui trouvant la patrie encore trop humiliée, refusait d'apposer son nom à un traité qui allait avoir une grande place dans l'histoire. Cependant le temps pressait, et Richelieu faisant défaut, n'intervenant plus, les concessions allaient être infailliblement retirées. Éperdu de douleur, Louis XVIII, une nuit, envoie chercher Richelieu par M. Decaze. Dès qu'il l'a en sa présence, il lui prend les mains, les mouille de ses larmes, et lui demande avec la plus chaleureuse supplication de consentir le sacrifice *qui coûte le plus à un homme d'honneur, celui de son nom...* Richelieu est vaincu par les larmes du roi, il signe le traité : la France conserve les frontières de 1790.

En remettant à son ami le premier ministre, la carte de France, Alexandre l'accompagne de ces flatteuses paroles : « Conservez cette carte, que je rétablis pour » vous seul. Elle sera dans l'avenir le témoignage de » vos services, de mon amitié pour la France, et le » plus beau titre de noblesse de votre maison. »

(1) Richelieu exilé par Napoléon 1er était rentré en Russie qu'il avait habitée pendant l'émigration. Alexandre lui confia le gouvernement de Crimée. Ce fut Richelieu qui créa et agrandit Odessa. Son administration, aussi sage qu'intelligente, lui conquit tous les cœurs, et en particulier celui d'Alexandre, qui l'honorait de toute sa confiance, qui s'inspira, plus d'une fois, de ses conseils.

Et à l'instant Richelieu écrit à sa sœur, Mme *de*
Montcalm.

« Tout est consommé! j'ai apposé, plus mort que
» vif, mon nom à ce fatal traité, j'avais juré de ne
» pas le faire, et je l'avais dit au roi. Ce malheureux
» prince m'a conjuré en fondant en larmes, de ne
» point l'abandonner; je n'ai plus hésité. J'ai la con-
» fiance de croire, que personne n'aurait obtenu autant;
» la France expirante, sous le poids des calamités qui
» l'accablent, réclamait impérieusement une prompte
» délivrance. »

Quelle fut la politique intérieure de Louis XVIII?

Il ne cesse de rassurer l'esprit libéral de la nation
sur ses conquêtes inaliénables d'égalité.

Il sait contenir l'Eglise, en ne lui donnant que du
respect au lieu d'empire.

Il comprime l'élan royaliste qui s'efforce de l'entraî-
ner, et envers lequel il se montre presque ingrat, plutôt que de paraître entrer dans la réaction (1).

Il reste l'esclave de la Charte qu'il avait octroyée et
qui était le palladium des libertés publiques.

Tout vieillard infirme qu'il est, il conserve assez

---

(1) L'histoire aussi n'a-t-elle pas manqué de dire :
« Louis XVIII sembla oublier ses anciens serviteurs pour ne
» s'occuper que des nouveaux..... Habile inconséquence des sou-
» verains, réconciliés avec leurs sujets, qui sacrifient leurs amis
» pour reconquérir leurs ennemis ! »
Fatale imprudence des souverains, disons-nous, au contraire,
qui, ayant négligé ou abandonné leurs amis, et n'obtenant jamais
de leurs ennemis qu'un attachement factice ou précaire, ne trouvent plus personne autour d'eux, au jour de l'adversité !.....

d'énergie et de force pour se tenir debout et inébranlable, en face de l'armée remplie encore d'enthousiasme pour celui qui l'avait si souvent conduite à la victoire, de la révolution qui relève la tête, de l'aristocratie qui l'importune de ses exigences.

Il meurt en roi d'un royaume dont il avait préservé l'intégrité, et qu'il sut pacifier, au milieu de tant d'éléments de troubles et d'agitations.

La virilité de son caractère, son attitude toujours royale, son sentiment libéral, ne le quittèrent pas, même dans ses derniers moments.

« J'ai louvoyé, dit-il à son frère, entre les partis
» comme Henri IV, et j'ai par dessus lui, que je meurs
» dans mon lit aux Tuileries ; agissez comme je l'ai fait,
» et vous arriverez à cette fin de paix et de tranquil-
» lité (1).

Quand on récite les prières des agonisants, il dit à ses médecins :

« M. le curé prie à voix basse de peur de m'effrayer ;
» je n'ai pas peur de la mort, il n'y a qu'un mauvais
» roi qui ne sache pas mourir ! »

On lui rapporte que le peuple accourt aux avenues du palais pour s'informer de son état ; un rayon de satisfaction illumine soudainement ses traits, et il prononce cette dernière parole : « J'ai donc fait quelque bien ! »

L'éloquent historien de ce règne exprime ainsi son appréciation :

« Henri IV ne fonda qu'un monarchie, Louis XVIII

____

(1) DUPUY, *Histoire de France*, t. II, p. 412.

» fonda des libertés. C'est là son titre, la France le lui
» maintiendra ; et si elle ne le place pas au rang des plus
» grands hommes, elle le placera au rang des plus ha-
» biles et des plus sages des rois (1). »

V

Charles X succède à Louis XVIII.

La prévention se dresse à ce nom là... Il abjura, s'écrie-t-elle, les idées libérales de son frère ; il s'efforça de ramener la nation à l'ancien régime ; il fit les fameuses ordonnances de juillet, il fut renversé du trône !

La puissance des faits va couvrir la mémoire de ce prince et le protéger contre l'injustice et la calomnie des partis.

Connaissons-le d'abord par son cœur.

Un jour qu'il visite l'Hôtel-Dieu, il aperçoit de la fenêtre de l'une des salles, le château des Tuileries. *Voilà, dit-il, une heureuse perspective, il est bien que l'asile des pauvres soit placé sous les yeux du Roi (2).* »

Connaissons-le encore par son amour pour le peuple.

A une grande revue au Champ-de-Mars, la multitude qui tient à saluer le prince rentrant de l'exil, afflue sur son passage et retarde sa marche. Un lancier veut écarter du bois de sa lance, un individu qui s'efforce d'avancer. « Pas de lance entre mon peuple et moi, s'écrie

(1) LAMARTINE, *Histoire de la Restauration*, t. VII, p. 416.
(2) *Histoire de France* de LEFRANC.

» Charles X avec vivacité ; laissez-le approcher, il ne
» m'aimera jamais autant que je l'aime ! »

Quelques pas plus loin, un vieux soldat sort des
rangs, et sans préambule, s'exprime ainsi : *Sire, trente
ans de services, dix-huit campagnes et onze blessures
valent bien la croix, et je ne l'ai pas.* — Tu l'auras, répond Charles X ; et le lendemain le vieux guerrier portait sur sa poitrine la croix des braves (1).

Il abjura les idées libérales de son frère !

La première parole qui sort de ses lèvres, en mettant
le pied sur le sol français, ne proteste-t-elle pas déjà
contre cette assertion !

« Je revois mon pays, je suis heureux ! il n'y a rien
» de changé en France, il n'y a qu'un Français de
» plus (2). »

Il abjura les idées libérales de son frère !

Que fait-il le lendemain de son avènement au trône ?

Il propose lui-même au Conseil des ministres l'abolition de la censure des journaux ; et la presse libérale
exhale en ces termes sa reconnaissance et son enthousiasme : « Ce roi veut le bien ; sa sagesse écarte du
» premier mot le nuage sous lequel les mauvais gou-
» vernements dérobent leurs mauvaises pensées ; plus
» de piége à craindre quand on provoque soi-même la
» lumière (3). »

Il rassure les détenteurs des biens nationaux, en fai-

(1) Dupuy, *Histoire de France*, t. II, p. 417.
(2) Lamartine, *Histoire de la Restauration*, t. II, p. 230.
(3) Id., t. VIII, p. 17.

sant compter une indemnité aux émigrés dépossédés (1).
Par cet acte de haute politique, une transaction forcée
se trouve réalisée entre le révolutionnaire spoliateur et
le royaliste spolié ; en outre, leur valeur réelle est rendue à un grand nombre de propriétés frappées de dis-
crédit, à raison de leur origine.

Que fait-il en 1825 ?

Il proclame l'émancipation de Saint-Domingue : de par
la France, le pavillon d'Haïti est désormais salué comme
celui d'une nation indépendante (2).

Que fait-il en 1828 ?

Il s'associe à l'élan de tous les libéraux d'Europe en
faveur de la Grèce, et sa flotte et son armée viennent
préserver cette terre antique de la liberté, de l'extermination qu'avait méditée contre elle le musulman (3).

Comment affermit-il ses susceptibilités patriotiques,
ses services à la France ?

Ne prenant conseil que de lui-même, sans se préoc-
cuper des mécontentements qu'il pourra soulever en Eu-

---

(1) L'indemnité ne fut pas en rapport avec les pertes éprouvées,
mais elle n'en atteignit pas moins son but.

(2) « Cette colonie était perdue pour nous depuis 30 ans ; on
» n'aurait pu la recouvrer par la force des armes sans verser encore
» des flots de sang. Charles X, dans sa sagesse, crut devoir l'af-
» franchir des liens qui l'attachaient à la France pour augmenter
» la prospérité de notre commerce, et procurer enfin aux colons
» dépossédés, une juste indemnité de leurs pertes. »
(Dupuy, Histoire de France, t. II, p. 416.)

(3) « Un corps de 15,000 hommes, commandés par le lieutenant-
» général Maison, aborda en Morée..... Il prit les forts de Navarin,
» Modon et Coron ; dès-lors, la Grèce fut affranchie du joug ottoman,
» et Capo-d'Istria y fonda un gouvernement régulier.
(D., Hist. de Fr., t. III, p. 419.)

rope, il relève l'insulte du dey d'Alger à son consul, vient détruire le repaire de la piraterie dans la Méditerranée, auquel nulle nation n'avait osé toucher sérieusement, et dote la France d'une colonie qui est devenue l'école d'apprentissage de nos généraux ; qui sera, un jour, la pépinière de nos meilleurs soldats, le grenier de nos céréales, la pourvoyeuse de nos industries textiles (1).

Rappelons les paroles de Charles X confiant à son ministre de la guerre, M. de Bourmont, le mandat d'aller venger l'insulte faite à la France, car elles sont d'un roi Français :

« Alger a insulté la France : allez à Alger ; emparez-
» vous d'Alger, et que l'honneur du nom Français soit
» vengé et demeure intact. Tous les soldats que je con-
» fie à vos ordres sont mes enfants, soyez avare de
» leur sang ; ayez soin de pourvoir à tous leurs besoins ;
» vous m'en répondez. »

Comment rassure-t-il le pays sur ses intentions libérales ?

Il confie la direction des affaires à M. de Martignac, l'homme alors le plus avancé, peut-être, dans les idées progressives, et qui par l'élévation de son caractère, la haute portée de son intelligence, pouvait seul en assurer l'expansion, sans ôter à l'ordre aucune de ses garanties (2).

---

(1) La prise d'Alger nous rendit en outre possesseurs des trésors du dey, dépassant 30 millions.

(2) Le ministère Martignac fut jugé si libéral par la France entière, qu'il fut qualifié de *ministère de concession*, qualification que l'histoire lui a conservée.

Ah! mais il revint sur ses pas, dans les derniers temps, il fit les fameuses ordonnances de Juillet, il fut renversé !...

Non, il ne revint point sur ses pas ; mais quand il fut bien convaincu que c'était une révolution et non des réformes que l'on voulait, il résista ; il essaya de contenir la presse, devenue tout-à-fait subversive, qui ne cessait de foudroyer son gouvernement, malgré la loyauté de ses actes et de ses intentions (1).

(1) La presse, à cette époque, ne se bornait pas à faire de l'opposition, du contrôle, ce qui eût été son droit légitime. Elle minait le pouvoir et le gouvernement, par les calomnies, les dénigrements les plus audacieux. Elle prêchait carrément l'insurrection et le renversement ; elle ne cessait d'atteindre de ses traits envenimés, la religion, ses ministres ; elle s'efforçait d'affaiblir les liens moraux, de déraciner du cœur du peuple le sentiment religieux. Professant en partie les doctrines des communeux d'aujourd'hui, elle poussait le sacrilége jusqu'à conspirer pour les ennemis de la France ; elle vendait le sang de nos braves soldats ; elle artisait la défaite de nos armées ; elle se faisait l'auxiliaire et l'espion des barbares que nous avions dans ce moment à combattre.

Écoutons, pour être édifié à cet égard, quelques fragments du rapport que crurent devoir faire à Charles X ses Ministres, dans le but de justifier les ordonnances de Juillet, rapport appuyé de documents les plus péremptoires, et dans lequel se trouvent consignées des prédictions qui ne se sont que trop vérifiées de nos jours.

« Elle s'applique (la presse), Sire, par des efforts soutenus,
» persévérants, répétés chaque jour, à relâcher tous les liens
» d'obéissance et de subordination, à user les ressorts de l'autorité
» publique, à la rabaisser, à l'avilir dans l'opinion du peuple, et à
» lui créer partout des embarras, des résistances. Son art consiste,
» non pas à substituer à une trop facile soumission d'esprit une
» sage liberté d'examen, mais à réduire en problèmes les vérités
» les plus positives ; non pas à provoquer sur les questions politi-
» ques une controverse franche et utile, mais à les présenter sous un

Cette mesure à laquelle fut forcé de recourir l'infortuné monarque, n'était-elle pas autorisée par la constitution du pays ?

Peut-elle être sérieusement critiquée aujourd'hui par la démocratie? En vérité fait-elle donc tant de façons pour contenir et bâillonner la presse, pour peu qu'elle la gêne ou la contrarie? Qu'on voie plutôt ce qui se passe à Paris en ce moment, où tous les journaux ont

» faux jour et à les résoudre par des sophismes. La presse a jeté ainsi
» le désordre dans les intelligences, ébranlé les convictions les
» plus fermes, produit au milieu de la société une confusion de
» principes qui se prête aux tentatives les plus funestes. C'est par
» l'anarchie dans les doctrines qu'elle prélude à l'anarchie dans
» l'Etat.

» Mais de tous les excès de la Presse, le plus grave peut-être
» nous reste à signaler. Dès les premiers temps de cette expédition
» (l'expédition d'Alger) dont la gloire jette un éclat si pur et si dura-
» ble sur la noble couronne de France, la presse en a critiqué avec
» une violence inouïe, les causes, les moyens, les préparatifs, les
» chances de succès..... Insensible à l'honneur national, il n'a pas
» dépendu d'elle que notre pavillon ne restât flétri des insultes d'un
» barbare. Indifférente aux grands intérêts de l'humanité, il n'a pas
» dépendu d'elle que l'Europe ne restât asservie à un esclavage
» cruel et à des tributs honteux. Ce n'était point assez : par une
« trahison que nos lois auraient pu atteindre, la presse s'est attachée
» à publier tous les secrets de l'armement, à porter à la connais-
» sance de l'étranger l'état de nos forces, le dénombrement de nos
» troupes, celui de nos vaisseaux, l'indication des points de station,
» les moyens à employer pour dompter l'inconstance des vents et
» pour aborder la côte. Tout, jusqu'au lieu du débarquement, a
» été divulgué comme pour ménager à l'ennemi une défense plus
» assurée. Et, chose sans exemple, chez un peuple civilisé, la
» presse, par de fausses alarmes sur les périls à courir, n'a pas
» craint de jeter le découragement dans l'armée ; et, signalant à
» la haine le chef même de l'entreprise, elle a, pour ainsi dire,
» excité les soldats à lever contre lui l'étendard de la révolte ou à

été traqués, suspendus, et les rédacteurs violentés, emprisonnés ou forcés de fuir (1).

Il fut renversé !

Oui, parce qu'il ne voulut pas prolonger la lutte fratricide ! parce que le sang de ses sujets lui parut bien plus précieux que la royauté ! parce qu'il préféra subir une chute et une injustice, plutôt qu'un remords !...

Il fut renversé !

Oui, par l'émeute de Paris et par les conspirateurs de quinze ans qui étaient derrière elle, pour la pousser et bénéficier du trône, des places, des emplois, des honneurs publics, objets de leur constante convoitise.

» déserter son drapeau. Voilà ce qu'ont osé faire les organes d'un » parti qui se prétend national ! . . . .

» La presse périodique n'a pas moins d'ardeur à poursuivre de » ses traits envenimés la religion et le prêtre : elle veut, elle « voudra toujours déraciner dans le cœur du peuple, jusqu'au » dernier germe des sentiments religieux. Sire, ne doutez pas » qu'elle y parvienne, en attaquant les fondements de la foi, en » altérant les sources de la morale publique, et en prodiguant à » pleines mains la dérision et le mépris aux ministres des autels... . . . .

» Sa destinée est, en un mot, de recommencer la révolution » dont elle proclama les principes. . . . .

» Ses effets plus durables se font remarquer dans les mœurs et » le caractère de la nation. Une polémique ardente, mensongère, » passionnée, école de scandale et de licence, y produit des » changements graves, des altérations profondes. Elle donne une » fausse direction aux esprits, les remplit de préventions et de » préjugés, les détourne des études sérieuses, nuit ainsi au pro- » grès des arts et des sciences, excite parmi nous une fermenta- » tion toujours croissante, entretient dans le sein des familles de » funestes dissensions, et pourrait par degrés *nous ramener à la* » *barbarie.* » . . . .

Ne sommes-nous pas aujourd'hui dans la vérité de cette prédiction !!

(1) L'insurrection de Paris n'était pas encore vaincue.

Est-ce que l'aveu de cette conspiration de quinze ans n'a pas échappé plus d'une fois aux conspirateurs eux-mêmes !...

Et au fait, cette révolution qui se fit si légèrement, avec de si pauvres griefs, n'a-t-elle pas été un bien fatal événement pour la France? N'a-t-elle pas pesé sur ses destinées, ne les a-t-elle pas compromises?

Elle fut le point de départ de toutes les agitations populaires, de toutes les théories des idéologues et des démagogues; elle relâcha tous les liens de l'ordre; elle affaiblit le principe d'autorité, la discipline et l'obéissance dans l'armée; elle abaissa le niveau des devoirs; aussi laissa-t-elle le repentir et le regret dans le cœur de ceux-là même qui la préparèrent, qui en furent les fauteurs. Les annales parlementaires ont retenu l'exclamation de componction que l'un d'eux laissa tomber, un jour, à la tribune :

« *J'en demande pardon à Dieu et aux hommes* (1)*!* »

Le monarque déchu si injustement, manqua-t-il de dignité dans cette disgrâce du sort, ne sembla-t-il pas, au contraire, grandir dans le respect du peuple? N'honora-t-il pas ses dernières heures sur le sol français par une attitude qui en imposa, qui recueillit bien des sympathies? Laissons encore la parole à son éloquent historien :

« Charles X se retira peu à peu et lentement de
» l'empire, comme un droit qui abdique, mais qui ne
» se laisse pas chasser ni insulter, et qui, pour être

____

(1) Le banquier Lafitte.

» respecté, se respecte lui-même, jusque dans ses
» revers. Il ne s'enfuit pas comme un roi de théâtre
» sous quelque ignoble déguisement; il se retourna
» pour regarder face à face son royaume révolté, mais
» respectueux dans sa révolte. Ces deux disparitions de
» la monarchie légitime en un demi siècle, attestèrent
» sa force même dans sa faiblesse, et ne déshonorèrent
» pas du moins les rois. De ces deux frères qui l'em-
» portaient avec eux, aucun ne mêla l'ignominie au
» malheur : l'un, Louis XVI, partit de l'échafaud ;
» l'autre, Charles X, partit du rivage dans toute la
» majesté royale : deux départs dignes de la royauté
» française. Leur peuple les vainquit et les immola,
» mais il n'eut pas le droit de mépriser leur infortune ;
» Charles X fut respecté jusqu'à son dernier pas sur la
» plage de la France (1). »

VI

Sur les débris du trône légitime s'élèvent successi-
vement, la monarchie de Juillet, la République de 1848,
le second Empire.

Hâtons-nous de poser cette question ?

Aucun de ces gouvernements peut-il entrer en com-
paraison avec ceux de la Restauration, pour le bien-être
matériel et moral des masses, pour l'allégement des
charges du peuple, pour les libertés publiques, pour
l'honneur national ?

Répondons par l'ensemble des faits.

(1) LAMARTINE, *Histoire de la Restauration*, t. VIII, p. 299.

VII

GOUVERNEMENT DE LOUIS-PHILIPPE.

Louis-Philippe monte sur le trône avec des antécédents de famille et des actes personnels fâcheux.

Son père, Philippe-Égalité, avait voté la mort de Louis XVI, considérant son vote comme l'expression d'un devoir; car il avait dit, en l'accentuant de sang-froid :

« Uniquement occupé de mon devoir, convaincu » que tous ceux qui ont attenté, ou qui attenteront » par la suite, à la souveraineté du peuple, méritent » la mort, je vote pour la mort. »

On ne remplit jamais un devoir quand on outrage la nature!...

La Convention le lui fit sentir, par un murmure de dégoût et d'horreur, qui parcourut soudainement les bancs de l'assemblée et des tribunes, qui le déconcerta.

Robespierre, en rentrant le soir chez Duplay, laissa tomber aussi sur lui la bave de son mépris : « Le mal- » heureux ! dit-il à ses amis, il n'était permis qu'à lui » d'écouter son cœur, de se récuser; il n'a pas voulu, » ou il n'a pas osé le faire : la nation eut été plus » magnanime que lui. »

Louis-Philippe n'avait incontestablement aucun fait de cette nature à s'imputer; sa vie ne ressemblait en rien, non plus, à celle de son père, émaillée de tant de forfaits ! mais il n'avait pas cessé un instant de convoiter le trône de la branché aînée ; il s'était constamment tenu à côté des conspirateurs de quinze ans, si non dans leurs rangs ; il les avait couverts de son amitié, de sa protection, de son patronage, de ses encouragements.

Quand Charles X tombe, il ne veut pas se contenter d'une régence (1) qui conciliait tout, qui parait à toutes les difficultés du moment, qui préservait le principe hé-

(1) Est-il bien vrai que Louis-Philippe ne voulut pas se contenter de la régence !

Rappelons l'entrevue de Louis-Philippe, de la princesse Amélie sa femme, de Madame Adélaïde, avec Monsieur de Châteaubriand, racontée par Châteaubriand dans les *Mémoires d'outre-tombe*.

La longueur de ce document ne nous permet d'en donner ici que quelques fragments, mais ces fragments n'en sont pas moins très intéressants :

— « Madame (Châteaubriand s'adressant à la duchesse d'Orléans),
» oserais-je vous demander quelle est l'intention de monseigneur
» le duc d'Orléans ; acceptera-t-il la couronne si l'on la lui offre ?

» Les deux princesses hésitèrent à répondre. Madame la duchesse·
» d'Orléans répartit, après un moment de silence :

— » Songez, M. de Châteaubriand, aux malheurs qui peuvent
» arriver : il faut que tous les honnêtes gens s'entendent pour nous
» sauver de la République..... A Rome, M. de Châteaubriand,
» vous pourriez rendre de si grands services !.... Ou même si vous
» ne voulez pas quitter la France.....

— » Madame n'ignore pas mon dévouement au jeune roi et à sa
» mère.

— » Ah ! Monsieur de Châteaubriand, ils vous ont si bien traité !

— » Votre Altesse Royale ne voudrait pas que je démentisse
» toute ma vie.

— » Monsieur de Châteaubriand, vous ne connaissez pas ma
» nièce : elle est si légère....... Pauvre Caroline !....... Je vais
» envoyer chercher monseigneur le duc d'Orléans, il vous per-
» suadera mieux que moi.....

» Louis-Philippe arrive au bout d'un demi quart-d'heure.

. . . .

— » Madame la duchesse d'Orléans a dû vous dire combien nous
» sommes malheureux !!!

» Et sur le champ il fit une idylle sur le bonheur dont il jouis-

réditaire dont ses descendants pouvaient bénéficier un jour. Puis, après l'avoir abusé d'abord par les protestations les plus pathétiques (1), après avoir hâté par

» sait à la campagne, sur la vie tranquille, et selon ses goûts, qu'il » passait à la campagne.

» Je saisis le moment d'une pause, entre deux strophes, pour » prendre à mon tour la parole :

. . . .

— » Quel rôle pour vous, monseigneur ! Vous pouvez régner » quinze ans, sous le nom de votre pupille : dans quinze ans l'âge du » repos sera arrivé pour nous tous ; vous aurez eu la gloire insigne » dans l'histoire, d'avoir pu monter au trône et de l'avoir laissé à » l'héritier légitime ; en même temps, vous aurez élevé cet enfant » dans les lumières du siècle, et vous l'aurez rendu capable de » régner sur la France. Une de vos filles pourrait un jour porter » le sceptre avec lui.

» Le duc promenait vaguement ses regards au-dessus de la » tête : — Pardon, me dit-il, monsieur de Châteaubriand, j'ai » quitté, pour m'entretenir avec vous, une députation auprès de » laquelle il faut que je retourne. Madame la duchesse d'Orléans » vous aura dit combien je serais heureux de faire ce que vous » pouviez désirer ; mais, croyez-le bien, c'est moi seul qui retiens » une foule menaçante. Si le parti royaliste n'est pas massacré, il » ne doit sa vie qu'à mes efforts.

— » Monseigneur, répondis-je, à cette déclaration si inattendue et » si loin du sujet de notre conversation, j'ai vu des massacres : ceux » qui ont passé à travers la révolution sont aguerris ; les mousta- » ches grises ne se laissent pas effrayer par les objets qui font peur » aux conscrits.

» Le duc d'Orléans se retira.

— » J'allai retrouver mes amis :

— » Eh ! bien, s'écrièrent-ils ?

— » Eh ! bien, il veut être roi.

— » Elle veut être reine.

— » Ils vous l'ont dit ?

— » L'un m'a parlé de bergeries, et l'autre des périls qui mena- » cent la France, et de la légèreté de la pauvre Caroline !!! Tous » deux ont bien voulu me faire entendre que je pourrais leur être » utile, et ni l'un ni l'autre ne m'ont regardé en face.

(1) Est-il vrai que Louis-Philippe fit semblant de ne pas vouloir du trône, écrivit des lettres pathétiques à Charles X, et eut

dessous main , et par un stratagème déloyal (1), sa sortie de France , il vient s'asseoir sur le trône de son cousin , sans autres scrupules que quelques hésitations hypocrites, de commande, dont personne ne fut la dupe.

C'était son cousin Charles X pourtant qui lui avait conféré le titre d'Altesse Royale, titre que lui avait refusé Louis XVIII , qui entrevoyant ses tendances, avait répondu à ceux qui sollicitaient pour lui : *Il est assez près du trône, je me garderais bien de l'en approcher davantage.* C'était son cousin Charles X pourtant , qui sous la forme d'un apanage, lui fit restituer les immenses domaines de sa maison supprimés en 1794 , domaines qui le rendaient désormais le plus riche propriétaire de France !

De tels actes jettent de l'odieux sur le caractère d'un

recours à des stratagèmes pour hâter sa sortie de France ? Laissous parler l'histoire :

« Des cris de *Vive le duc d'Orléans* éclataient. — Vous l'entendez,
» lui dit monsieur de Mortemar, ces cris vous désignent. — Non,
» non, s'écria le duc d'Orléans, je me ferai plutôt tuer que d'ac-
» cepter la couronne !..... Il écrit à Charles X une lettre loyale et
» pathétique dont l'âme de ce prince a seule le secret. »

(1) « Le duc d'Orléans s'alarmait de sentir Charles X si près de
» la capitale, au milieu d'une armée qui pouvait refluer sur Paris,
» ou devenir l'avant-garde d'une armée vendéenne. Sous prétexte
» de protéger la famille royale contre la vengeance du peuple, il
» lui envoya des commissaires pour veiller à sa sécurité. C'étaient
» MM. de Schonen , Odillon-Barrot, le maréchal Maison. Ces com-
» missaires s'étant présentés aux avant-postes de l'armée royale ,
» en furent repoussés. Revenus à Paris, le duc les fit repartir,
» avec des injonctions plus impérieuses : — « Qu'il parte, leur dit-il
» en parlant du roi, qu'il parte à l'instant. Et pour l'y contraindre,
» il faut l'effrayer, etc., etc. »

(LAMARTINE, *Histoire de la Restauration*, t. VIII, pages 349, 387.)

prince : il ne peut guère les faire oublier, quelqu'irréprochable que soit ensuite son règne...

Celui de Louis-Philippe a-t-il été irréprochable ?

Il avait beaucoup promis à la démocratie. Son programme était celui-ci : *Un trône entouré d'institutions ré-
publicaines.* Lafayette le présentant au peuple, n'avait
pas craint de dire aussi : *C'est la meilleure des Répu-
bliques* (1). Cependant, il ne fait faire à nos libertés, à
nos franchises qu'un pas bien insignifiant. Tout se
traîne dans les vieilles ornières du passé. Il n'y a
rien de changé, si ce n'est dans les places et les
positions ; si ce n'est que l'aristocratie de la
naissance, fait place à l'aristocratie de la finance et de la
boutique, laquelle affirme, peut-être, plus de hauteur
et de fierté que la première, avec la politesse et les
manières de moins. Aussi, les-hommes de l'opinion
avancée murmurent bientôt ; et les démagogues, subis-
sant les fureurs de la déception, multiplient leurs
attentats, font feu sur sa personne, comme sur une
cible (2).

Mais ce qui est grave sous ce règne, c'est qu'il
s'infiltre dans les masses les germes si malsains du
matérialisme, par suite de l'indifférence en matière
religieuse, qui règne dans les hautes régions gouver-
nementales.

Ce qui est grave sous ce règne, c'est qu'il se produit

---

(1) D'autres attribuent ces expressions à Odillon-Barrot, d'autres
à Lafitte. De quelque bouche qu'elles soient sorties, il n'en est pas
moins vrai qu'elles sont aujourd'hui historiques.

(2) Attentat de Fieschi, Pépin, Alibaud, etc.

₪e que l'histoire est convenue d'appeler la corruption administrative, qui s'exerce ostensiblement et sur une vaste échelle. Les dévouements à la dynastie s'achètent par de l'argent, des places, des emplois. Des embaucheurs recrutent pour assurer les victoires électorales. A la Chambre même des députés, le ministère met à prix les consciences pour aboutir à la majorité. La tribune n'est plus qu'un tournoi où l'on se mesure, bien plus pour la conservation ou la conquête d'un portefeuille que pour les intérêts du pays. Bientôt même, la corruption revêt le caractère de la concussion, gangrène jusqu'aux cimes les plus rapprochées du pouvoir, et l'on est témoin de ce scandale, peut-être sans exemple sous aucun règne : deux ministres flétris par la main de la justice (1).

Quant à la grandeur de la France, elle s'affaisse considérablement (2). Louis-Philippe se complaît vis-à-vis de toute l'Europe, dans une sorte de timidité humiliante, à

(1) Celui de la justice et de la guerre, MM. Teste, Cubières.

(2) Nos appréciations seraient-elles erronées ou exagérées ? Aurions-nous caractérisé ce règne avec prévention on trop de sévérité ? Avec prévention ! nous déclarons qu'elle n'est pas entrée dans notre cœur. Avec trop de sévérité ! nous n'avons exprimé que bien faiblement, au contraire, les griefs de l'histoire. Nous ne nous sommes pas élevés à la hauteur des accusations qui furent portées à la Chambre l'avant-veille de la révolution de février, par un nombre considérable de députés tout aussi recommandables par leurs noms que par leur position et leur talent.

Voici ces accusations :

Séance du 22 février.—Proposition déposée par M. Odillon-Barrot :

« Nous proposons de mettre en accusation les membres du » ministère comme coupables,

« 1ᵒ D'avoir trahi, au dehors, l'honneur et les intérêts de la » France ;

tel point, que son système est qualifié de *paix à tout prix*. Et l'indemnité Pritchard que l'Angleterre lui impose, qu'il subit encore avec résignation, vient lui infliger un dernier stigmate. Aussi son trône s'effondre un jour,

» 2º D'avoir faussé le principe de la Constitution, violé les » garanties de la liberté illimitée des droits des citoyens;

» 3º D'avoir, par une corruption systématique, tenté de substi- » tuer à la libre expression de l'opinion publique, le calcul de » l'intérêt privé, et de pervertir ainsi le gouvernement repré- » sentatif;

» 4º D'avoir trafiqué, dans un intérêt ministériel, des fonctions » publiques, ainsi que de tous les attributs et priviléges du » pouvoir;

» 5º D'avoir, dans le même intérêt, ruiné les finances de l'Etat, » et compromis ainsi les forces et la grandeur nationale;

» 6º D'avoir dépouillé les citoyens d'un droit inhérent à toute » constitution libre et dont l'exercice leur avait été garanti par la » Charte, par les lois et les précédents;

» 7º D'avoir enfin, par une politique contre-révolutionnaire, » remis en question toutes les conquêtes de notre révolution, et » jeté dans le pays une perturbation profonde. »

Suivent les signatures :

Odillon-Barrot, Duvergier de Hauranne, Général-Thiard, Dupont de l'Eure, Léon de Malleville, Garnier-Pagés, Chambolle, Bethmont, Lherbette, Pagés de l'A- riége, Baroche, Havin, Léon Faucher, Ferdinand de Lasteyrie, de Courtais, Hortensius St-Albin, Crémieux, Gaul- thier de Rhumilly, Rambaud, Boisses, Beaumont de la Somme, Lesseps, Mau- guin, Abattucci, Lunéau, Baron, G. Lafayette, Marie, Carnot, Bureaux de Puzy, Dussolier, Mathieu, Drouyn-de- Lhuis, D'Aragon, de Cambacérès, Drault, Marquis Bigot, Quinette, Maichin, Le- fort, Gaussolin, Tessié de Lamothe, De- marcey, Bergés, Bouin, de Jouvencel, Larabit, Vavin, Hénon, Maurice Bel- langer, Taillandier.

sans laisser ni un regret ni une sympathie (1) ; et à l'inverse de Charles X qui a quitté la France en roi, lui la quitte furtivement, comme un coupable.

VIII

LA RÉPUBLIQUE DE 1848.

Par quoi débute-t-elle ?

Par une série de décrets et de circulaires, les uns vexatoires, les autres exorbitants ou compromettants pour l'ordre, d'autres liberticides ou puérils.

(1) Le prétexte de l'insurrection fut la suppression ou l'interdiction du banquet réformiste, qui devait avoir lieu le 22 février, auquel un grand nombre de personnes devaient prendre part, et qui avait été provoqué à l'aide de souscriptions publiques, par la voie de la presse.

L'ordonnance de suppression parut le 20 février 1848 ; elle portait :

« Vu la déclaration qui nous a été faite, et l'abonnement à un » banquet qui doit avoir lieu le 22 février courant, à midi, dans » un local situé à Chaillot ;

» Considérant que, d'après la notoriété publique, un grand » nombre de personnes doivent prendre part au banquet sus-relaté, » pour lequel des commissaires ont été nommés et des souscriptions » publiques provoquées par la voie de la presse ;

» Considérant que, dans la circonstance présente, les rassem- » blements et réunions au banquet projeté, sont de nature à com- » promettre le bon ordre et la tranquillité publique ;

» Par ces motifs, etc., etc.;

» La réunion et le banquet sont interdits. »

Mais ce ne fut là qu'un prétexte ; le gouvernement était usé, ruiné dans l'opinion publique. On en était las, dégoûté ; aussi l'émeute, que laissa libre dans son action la garde nationale, n'eut pas de grands efforts à faire pour le renverser : et, ni la venue de la duchesse d'Orléans à la Chambre, ni l'intérêt que pouvait présenter son jeune fils le comte de Paris, ne purent trouver grâce devant l'irritation des masses populaires. Tout fut emporté dans le ourbillon de la tempête, Louis-Philippe et sa descendance.

t

En voici des échantillons :

Le droit au travail (1) ; l'établissement des ateliers nationaux (2) ; l'impôt des 45 centimes (3) ; l'abolition des titres de noblesse (4) ; les pouvoirs illimités conférés aux commissaires du gouvernement dans les provinces (5) ; l'intervention et la pression recommandées pour assurer le succès des élections (6) ; l'impôt sur les créances hypothécaires (7) ; le cours forcé des billets de Banque (8) ; etc.

(1) Décret du 29 février 1848.
(2) Décret du 29 février 1848.
(3) Décret du 16 mars 1848.
(4) Décret du 2 mars 1848.
(5) Circulaire du 12 mars 1848, dont voici les termes :
« Quels sont vos pouvoirs ? Ils sont illimités. Agents d'une auto-
» rité révolutionnaire, vous êtes révolutionnaire, aussi. La vic-
» toire du peuple vous a imposé de faire proclamer, de consolider
» son œuvre. Pour l'accomplissement de cette tâche, vous êtes
» investis de sa souveraineté ; vous ne relevez que de vos conscien-
» ces ; vous devez faire ce que les circonstances exigent pour le sa-
» lut public.....
» Il ne faut pas vous faire illusion sur les sentiments du pays:
» les sentiments républicains doivent y être vivement excités, et
» pour cela, il faut confier toutes les fonctions politiques à des
» hommes sûrs et sympathiques.   » Ledru-Rollin. »
(6) Circulaire du 12 mars 1848.
Il est encore édifiant de connaître quelques-uns des termes de cette circulaire, afin de bien juger comment les héros de la démocratie comprenaient l'indépendance du vote électoral.
« Eclairez l'électeur.....
» C'est à vous de le guider. Provoquez sur tous les points de
» votre département, la réunion des comités électoraux ; examinez
» sévèrement les titres des candidats ; arrêtez-vous à ceux-là seu-
» lement qui paraissent présenter le plus de garanties à l'opinion
» républicaine..... Pas de transaction, pas de complaisance ; que
» le jour de l'élection soit le triomphe de la révolution !
                              » Ledru-Rollin. »
(7) 19 avril 1848.
(8) 27 mars 1848.

Si la chronique de l'époque est fidèle, un membre
de ce gouvernement serait allé jusqu'à proposer *la
banqueroute de l'État*, la mise au néant du Grand-Livre
de la dette publique !

Evidemment, ce début est malheureux.

Qu'entend-on bientôt à côté de cette République ?

Les rugissements de la démagogie qui, au 15 mai,
ne se contenant plus, vient faire irruption dans la
Chambre des Députés, qu'elle eut infailliblement
anéantie, sans l'énergique intervention de la garde
nationale ; qui, le 23 juin, engage dans les rues de
Paris une bataille contre toutes les forces du Gouvernement ; bataille terrible, de trois jours, dans laquelle
elle déploie l'énergie de la rage, l'atrocité des sauva-
ges (1) : et si la société est préservée cette fois, c'est
parce que l'Assemblée nationale se hâte de reconstituer
un simulacre de monarchie, en conférant le pouvoir
au général Cavaignac, qui s'empresse de grouper toutes
les forces qu'il peut faire arriver, pour les opposer à la
sédition ; qui, pour consolider la victoire, a recours à
ces grandes mesures : l'état de siége prorogé pour trois
mois ; la presse bâillonnée ; les chefs d'insurrection
déférés à des commissions spéciales et aux conseils de
guerre, etc.

Que se produit-il en province sous cette République ?

Le règne des proconsuls, aussi ridicule qu'odieux.
En vertu de leurs pouvoirs illimités, ces fonctionnaires,

---

(1) Assassinat de l'archevêque de Paris, du général de Bréa et de
son aide-de-camp.

font du despotisme et de l'arbitraire, à dire d'expert ; se grisent chaque jour, dans les grandeurs de l'autorité et de la puissance, absolument comme les seigneurs féodaux du moyen-âge ; mènent, à l'inverse de l'austérité républicaine, la vie à grandes rênes, précipitant les jouissances, par ce sentiment de conviction qu'elles finiront peut-être bientôt ; et soulèvent le mépris et les malédictions des populations, au lieu d'en obtenir le respect et l'estime.

Quel spectacle présentent les deux Assemblées de cette République, la Constituante, la Législative?

La Constituante, n'a le sentiment ni de sa mission ni de ses pouvoirs. Elle est indécise et hésitante. Aucune de ces grandes conceptions qui retombent en bienfaits sur le peuple, à qui l'on avait tant promis, ne sort de ses délibérations.

Il est vrai de dire, que l'on promet beaucoup au peuple la veille d'une révolution, et que l'on tient très peu le lendemain !

La Législative devient une arène où les défiances, les récriminations, les calomnies des divers partis qui la composent, se heurtent, se combattent ; où chacun conspire pour le drapeau auquel il appartient et s'efforce d'en préparer le triomphe.

Quel est le tableau de la France sous ce gouvernement?

Des symptômes de trouble se manifestent, par contre coup des émeutes de Paris, dans plusieurs départements et grandes villes que l'on est obligé de gouverner militairement. L'industrie languit, les capitaux se dérobent, tous les intérêts sont en souffrance, chacun est impatient d'un nouvel état des choses.

Aussi, quand l'heure du scrutin a sonné pour la nomination du Président de la République, la grosse majorité de la nation s'empresse de venir jeter ses suffrages sur un prince qui n'a, par ses antécédents, ni son estime, ni ses sympathies, mais dont le nom est une autorité, une force, et implique la restauration d'un pouvoir monarchique. Dès qu'il a expulsé la Chambre et brisé l'émeute dans la rue, ses pouvoirs sont prorogés pour dix ans, et le 2 décembre 1852 l'Empire est fait : son despotisme effraie moins que les menaces de l'anarchie, sous le gouvernement qui vient de tomber.

Telle a été la République de 1848.

Transition, déconsidérée à son principe, par des mesures odieuses, extravagantes; ensanglantée par les terribles batailles de la démagogie ; tenant pendant plus de trois ans la prospérité publique enchaînée; nous amènant sous le joug du despotisme !

IX

LE SECOND EMPIRE, NAPOLÉON III.

On sent le besoin de se contenir en parlant de ce règne.

La France était vierge du déshonneur; depuis Napoléon III, elle ne l'est plus. Il semble qu'il se soit appliqué à ramasser toutes les hontes, tous les abaissements, toutes les humiliations, tous les malheurs pour les lui infliger.

Il la courbe sous la verge de sa volonté; il l'infecte de socialisme; il l'entraîne dans le goût de l'agiotage et du jeu de bourse; il l'énerve dans le luxe et le sybarisme; il la brouille avec toute l'Europe; il la discrédite auprès de tous les peuples; il ruine ses finances; il compromet son commerce; il ternit sa gloire militaire; il la précipite dans les horreurs de la guerre civile!...

Il est le vampire de la nuit, qui est venu sucer toutes les substances de la nation!...

Il dit un jour : *Aucun gouvernement ne sera possible après le mien!...* Il n'y avait là que la moitié de sa pensée. La voici toute entière : *J'ai tellement miné la société française, qu'elle sautera infailliblement après moi si je viens à tomber.* Ne semble-t-il pas qu'on touche en ce moment à la réalisation de cette satanique prédiction (1)!

Résumons ce règne en peu de mots.

Comprend-on ce politique, en délire d'ineptie, qui vient faire un royaume d'Italie aux portes de la France! qui aide à l'accomplissement de l'empire d'Allemagne! qui fait l'expédition du Mexique! qui connive pour abattre le pouvoir temporel du Pape, de tout temps notre ami, notre allié le plus fidèle, en qui se personnifient les intérêts religieux de la majorité des Français!

Est-ce que le pilori de l'histoire ne revient pas à celui qui s'est ainsi complu à homicider la France de sang-froid, n'obéissant qu'à ses caprices?

(1) Ces lignes s'écrivaient, pendant les saturnales de la démagogie.

Comprend-on ce prodigue échevelé qui fait litière de nos finances ; qui gorge ses fonctionnaires de gros traitements ; qui se permet, coûte que coûte, les expéditions lointaines sans but comme sans résultat ; qui fait payer avec l'argent des contribuables l'emprunt mexicain, dont devaient seuls rester victimes les souscripteurs trop imprudents ou trop avides ; qui élève le chiffre de la dette publique à onze milliards (1), sans comprendre les trois milliards employés pour soutenir la défense du pays, et les cinq milliards, prix de la paix concédée ; qui pousse le chiffre de la dépense du budget courant, à deux milliards deux cent vingt-trois millions !

Est-ce qu'un monarque de cette allure n'aurait pas dû être contenu, depuis longtemps, par les liens de l'interdiction ou du conseil judiciaire ?

Comprend-on cet économiste à courte vue qui, sur la foi de quelques théoriciens novateurs, va conclure un traité de commerce avec l'Angleterre, consentir avec elle *le libre échange*, évidemment fatal à l'industrie française aussi bien qu'à nos intérêts agricoles, et nous constituer ainsi les dupes d'une nation rivale qui méditait depuis tant d'années, après en avoir bien pesé les avantages, cette surprise à notre condescendance !

Est-ce qu'un négociateur si compromettant, n'eût pas dû être désavoué à l'instant et destitué du droit que lui conférait la Constitution, de conclure les traités de commerce ?

----

(1) Il était dû 4 milliards 500 millions environ, quand il monte sur le trône.

Comprend-t-on qu'il puisse venir dans l'esprit, au chef d'une grande nation, de faire consacrer à nouveau ses pouvoirs, par un plébiscite, ainsi que son système politique bigarré, hermaphrodite qu'il lui a pris tout-à-coup fantaisie d'implanter? système consistant, à harmoniser les résultats les plus discordants, à concilier les choses tout à fait inconciliables : les concessions les plus larges à la révolution, avec les sécurités sociales ; l'immobilité, l'indifférence, l'abstention du pouvoir, son laisser-faire, en regard des agitations de la démagogie, des licences de la presse, de la fermentation des clubs ; Le choix d'un président des ministres rouge (1), pour conduire les destinés de l'Empire et relever la confiance dans la stabilité du gouvernement !!! système qu'il avait décoré de ces pompeuses expressions : *l'Ordre à la base, la liberté au sommet.*

Est-ce qu'un pouvoir arrivé à ces utopies de casse-cou, était plus longtemps possible !

Il tombe, en effet, mais comment tombe-t-il ?

L'histoire n'a jamais rien enregistré d'aussi déplorable !

Sous le prétexte le plus frivole, il déclare soudainement la guerre à la Prusse.

La Prusse était prête depuis longtemps ; elle a une armée de 1,100,000 hommes d'excellents soldats, parfaitement organisée et diciplinée, pourvue d'une artillerie formidable au nouveau système, conduite par les meilleurs capitaines de l'Europe et tout exaltée encore de ses succès contre l'Autriche :

(1) M. Ollivier.

Napoléon le sait (ou devrait le savoir !) n'importe, il vient la braver sur le Rhin avec une armée de 300,000 hommes à peine, peu exercée, mal disciplinée, pourvue d'un matériel d'artillerie insuffisant, défectueux ; conduite par des généraux pour la plupart inexpérimentés ou d'antichambre ; n'ayant derrière elle, ni intendances sérieusement organisées, ni corps de réserve, ni arsenaux fournis d'armes d'équipements ou de matériel de guerre, pour parer aux éventualités d'un revers.

A qui confie-t-il le commandement suprême de cette armée ? il s'en charge, lui qui n'a aucune science stratégique, ni l'habitude de faire mouvoir les grandes masses (1), et d'assurer leur approvisionnement !

Lui, ô délire de suffisance et de présomption ! généralissime de l'armée française, en regard de Moltke, généralissime de l'armée allemande !...

Aussi, chaque pas qu'il fait, est-il marqué par une catastrophe...

Quand il pouvait, à *Reichshoffen*, inaugurer le début de la campagne par une victoire, et couper court peut-être, à une guerre si imprudemment engagée, il laisse écraser le maréchal Mac-Mahon qui ne peut qu'accomplir, mais en vain, des prodiges d'héroïsme, avec 33,000

______

(1) Nous nous trompons : Napoléon III avait déjà fait ses preuves; il commandait en chef à Magenta, lors de la campagne d'Italie : il concerta même si bien ses dispositions stratégiques, qu'il se trouva seul avec sa garde, devant toute l'armée autrichienne de Guilay, qui l'eût infailliblement anéanti, sans l'intervention du maréchal Mac-Mahon, qui spontanément et d'instinct, accourt au bruit du canon et le dégage.

hommes contre 160,000. Pourtant il était si facile de le secourir, en faisant avancer les corps d'armée qui n'étaient qu'à quelques kilomètres de distance !...

A suite de cette journée, son armée est coupée en deux tronçons ; lui-même n'est plus bientôt, qu'un objet d'embarras et de mépris pour ses soldats ; il est forcé d'abdiquer le commandement suprême. Enfin, il vient s'ensevelir à Sedan dans la honte de la plus dégradante capitulation ; n'ayant eu ni assez d'honneur pour savoir mourir, ni assez de courage pour essayer de percer les lignes ennemies qui l'entouraient, quand il dispose encore de 80,000 hommes !

De cette capitulation, à quelque mois de là, sort la capitulation non moins honteuse, de son lieutenant de prédilection Bazaine, qui se rend, sans obtenir même les honneurs de la guerre, avec 130,000 hommes, au prince Frédéric-Charles, dont les forces ne dépassent pas 200,000 hommes.

Plus tard encore, les conséquences de la capitulation de Sedan, sont une paix forcée qui ne s'obtient que par le démembrement de la France, et l'exorbitante indemnité de cinq milliards !

Le règne et la fin de Napoléon III, furent le règne et la fin de l'aventurier de Strasbourg et de Boulogne. Les générations le maudiront éternellement. Il a été désastreux pour la France ; il aura, peut-être, ouvert sa tombe !...

X

Que l'on compare donc ces trois règnes successifs avec ceux de la Restauration, et que l'on juge.

Sous la Restauration, paix constante, confiance illimitée auprès de toutes les puissances européennes ; bien être moral du peuple soutenu par des enseignements, des théories, des principes les plus rassurants ; bien-être matériel, par l'exonération et la réductiou des charges, puisque le chiffre de la dépense au budget, ne dépasse pas 899 millions (1) ; justice paternelle pour

(1) Quels ont été les budgets de la dépense, à la dernière année des règnes de Louis XVIII et de Charles X ?

RÈGNE DE LOUIS XVIII. — Exercice de 1823. — Budget des Dépenses. — Loi du 17 août 1822.

§ 1.

Art. 13. Budget de la dette consolidée et de l'amortissement	228,621,260

§ 2.

Art. 14. Dépenses générales.	534,261,220
Pour frais de régie, d'exploitation, de perception, et non-valeurs de contributions directes et indirectes et des remises de l'Etat	130,663,973
Pour remboursements et restitutions à faire aux contribuables sur le produit des dites contributions	6,189,000
Total des dépenses	899,838,453

RÈGNE DE CHARLES X. — Budget des dépenses pour l'exercice de 1830. — Loi des 2 et 6 août 1829.

Art. 1er Dépense de la dette consolidée et de l'amortissement.	245,543,065
Art. 2. Dépenses générales du service.	557,188,370
Frais d'administration et de perception des impôts directs et indirects et des revenus de l'Etat. . . .	128,169.047
Remboursement et restitution à faire sur le produit des dits impôts et revenus et au paiement des primes à l'exportation.	41,939,397
Total	972.839,879

Prenons maintenant les budgets de la dépense à la dernière

tous ; sollicitude exceptionnelle pour les classes pauvres ;
marche progressive des libertés , sans jamais les sé-

année du règne de Louls-Philippe, de la République de 1848, de
Louis-Napoléon.

Règne de Louis-Philippe. — Exercice de 1848. — Budget des
dépenses — Loi du 11 août 1847.

Art. 1er. *Service ordinaire*. — Dette publique. . . .	384,346,191
Dotations.	14,922,150
Service des ministères.	731,335,104
Frais de régie, perception et d'exploitation des im-pôts et revenus publics . . . . , ...	156,892,495
Remboursements et restitutions, non-valeurs, primes et comptes.	74,185,730
Service extraordinaire. — Travaux régis par la loi du 25 juin 1841.	20,298,500
Travaux régis par la loi du 11 juin 1842.	64,230,000
Crédits pour services spéciaux.	21,283,592
Total général	1,467,493,762

République de 1848. — Exercice de 1852. — Budget des dépenses — Loi des 16 et 20 mars 1852.

Art. 1er. Dette publique et services généraux des ministères constituant les charges de l'Etat . . .	1,001,855,706
Dépenses d'ordre, frais inhérents à la perception des impôts	428,507,538
Travaux extraordinaires, exercice de 1852	73,035,602
Total	1,503,398,846

Règne de Napoléon III. — Exercice de 1870. — Loi des 8 et 13
mai 1869.

Budget ordinaire.	1,670,882,748
Budget extraordinaire.	123,406,811
Amortissement.	77,122,000
Services spéciaux rattachés pour ordre au budget .	91,848,909
Dépenses sur ressources spéciales.	280,298,278
Total	2,223,559,378

Que l'on conpare et que l'on juge !

Faisons maintenant un rapprochement et quelques précisions :

Remarquons, en premier lieu, que la Restauration succédant à

parer des garanties dues à l'ordre, sans jamais les compromettre par des latitudes avoisinant la licence; Sentiment de l'honneur et de la dignité nationale, sans forfanterie, mais aussi, sans défaillance.

l'Empire fut obligée de servir les intérêts de la dette de l'Empire; transmission naturelle, qui passe de gouvernement à gouvernement. A quel chiffre s'élevaient ces intérêts ? Nous n'avons pas pu nous procurer des éléments positifs à cet égard; mais ces intérêts devaient être d'une certaine importance, puisque la dépense du budget de 1813 s'élevait à un milliard cent cinquante millions, et qu'un million de rente avait été créé, cette même année 1813, pour couvrir ce qui pouvait rester dû sur les exercices, depuis 1808 en remontant, jusqu'en 1801.

Le dernier budget du règne de Louis-Philippe dépasse de 568, 675,209 fr. le dernier budget du règne de Louis XVIII, et de 494,653,653 fr. le dernier budget du règne de Charles X.

Notons, en outre, que Louis-Philippe, pendant tout son règne, n'eût à faire que deux expéditions de peu d'importance : l'expédition d'Anvers, l'occupation d'Ancône.

Tandis que d'une part, Louis XVIII eût à payer pendant son règne l'indemnité de guerre aux puissances étrangère, 700,000,000 millions (1), et eut à supporter les frais de l'expédition d'Espagne décidée au Congrès de Verdone, laquelle, rappelons-le en passant, vint préserver des désordres révolutionnaires une nation amie; fut l'occasion de plusieurs beaux faits d'armes pour nos soldats, et révéla une fois de plus l'esprit libéral du règne de Louis XVIII par la sage ordonnance d'Andujar que rendit le duc d'Angoulème; ordonnance qui, pour ne pas laisser les révolutionnaires d'Espagne

______

(1) Quelle indemnité modérée , en regard de celle si exorbitante que vient de nous imposer la Prusse !!...

Ne peut-on pas dire, en toute assurance, que la considération personnelle des Bourbons entra pour beaucoup , dans le règlement de cette indemnité !

L'on en trouve la preuve, dans le traité de Paris du 8 mars 1814 lors de la première restauration: les puissances étrangères n'imposent à la France aucune indemnité, et renoncent en outre, dans les termes les plus bienveillants, à répéter les sommes qui pouvaient leur être dues à raison des fournitures et avances faites au gouvernement français dans les différentes guerres qui avaient eu lieu depuis 1792.

Voici les termes de l'article 5 du dit traité :

» Les puissances alliées, *voulant donner à sa majesté très chrétienne un nou-* » *veau témoignage* de leur désir de faire disparaître, autant qu'il est en elles, les » conséquences de l'époque de malheur si heureusement terminée par la présente » paix, renouent , etc.. etc.

Sous Louis-Philippe, abaissement et corruption de la France.

Sous la République de 48, mesures iniques, odieuses, menaçant et atteignant les personnes, les titres, les fortunes; règne des clubs; campagne sanglante de la démagogie dans la capitale; autocratie des proconsuls en province; le tout nous faisant aboutir au despotisme impérial.

Sous le deuxième empire, développement du socialisme; atteinte au pouvoir temporel de la papauté; ruine de nos finances et de notre crédit; prestige et gloire de nos armes à jamais détruit; démembrement du territoire; grandeur nationale décapitée.

Encore une fois, que l'on compare et que l'on juge !
Avançons avec les événements.

exposés à de terribles représailles, défendait aux autorités espagnoles *de faire arrêter personne sans l'autorisation des officiers français, et plaçait les éditeurs des feuilles périodiques sous la direction des commandants des troupes.* D'autre part, Charles X, durant son règne, eut à supporter l'indemnité concédée aux émigrés, un milliard; les frais ds l'expédition de Grèce, ceux de l'expédition d'Alger.

Le dernier budget de la République de 1848 dépasse de 604,200,403 fr. le dernier budget du règne de Louis XVIII, et de 531,158,997 fr. le dernier budget du règne de Charles X.

Le dernier budget, enfin, du second empire, dépasse le dernier budget du règne de Louis XVIII, de 1,324,198,453 fr., et celui du dernier règne de Charles X, de 1,251,319,499 fr.

Si les chiffres, ainsi qu'on l'a dit si souvent, ont leur éloquence, certes, ici, elle ne peut manquer d'être persuasive.

Si les peuples, avant tout veulent des gouvernements à bon marché, il est évident qu'ils doivent donner la préférence à ceux des Bourbons...

XI

L'Empire renversé, la populace de Paris et quelques hommes de l'opposition avancée dans la Chambre, proclament de rechef, la République qui, cette fois, doit tout sauver ; qui doit enfanter des miracles sur le champ de bataille ; qui résoudra toutes les grandes questions du moment ; qui va, infailliblement, cicatriser toutes les plaies de la France, et rouvrir, pour elle l'ère des prospérités.

Voyons ses œuvres.

Ce qui s'est produit sous ce nouveau régime, comprend deux périodes distinctes, bien qu'elles soient renfermées toutes les deux, dans l'espace de huit mois :

La période, pendant la durée de la guerre, jusqu'à la conclusion de la paix.

La période, depuis la conclusion de la paix, jusqu'à ce jour.

Parlons d'abord de la première période.

La République proclamée, les grands pouvoirs publics sont concentrés sur quelques têtes sympathiques alors (1), à ceux qui venaient de faire la révolution.

On aurait pu croire que cette oligarchie n'était que transitoire, en regard de si graves conjonctures, et qu'il serait fait un appel à la nation pour qu'elle tranchât elle-même par ses représentants, après avoir pesé les moyens

______

(1) Nous disons *sympathiques alors*, car qu'est devenue depuis, la popularité des citoyens Jules Favre, Picard, Jules Simon et compagnie !

et les ressources de la France, la grave question de la paix ou de la continuation de la guerre.

Pas du tout, les oligarques de septembre, de leur autorité privée, maintiennent leur pouvoir indéfiniment; d'office, le convertissent en dictature. Rejettent à *priori*, presque sans les débattre, les conditions d'armistice de la Prusse, proclament la continuation de la guerre à outrance; et, divisant leurs rôles, s'enferment, portion dans Paris, pour en diriger le gouvernement et la défense; portion en province, pour y représenter aussi le gouvernement, recruter et organiser de nouvelles armées, avec elles chasser l'étranger, voler au secours de la capitale...

Tout cela est très-bien, sans doute, et selon toute apparence, au fonds, dans d'excellentes intentions... Mais toujours est-il, pourtant, que la France subit inopinément le joug d'un pouvoir qui n'a ni son approbation ni sa confiance; qu'elle est régie dans ses destinées et dans ses intérêts les plus graves, par ceux-là même qu'elle eût peut-être repoussés; qu'elle reste enchaînée à leurs actes, quelques désastreux qu'ils puissent être (1).

---

(1) Ces actes n'ont-ils pas été effectivement désastreux !

Que répond, de son chef, Jules Favre, à M. de Bismark, lors des pourparlers d'armistice, après la capitulation de Sédan?

« Pas un pouce de terrain, pas une pierre de nos forteresses! »

Expressions splendides et sonores, mais évidemment trop cassantes, en regard des chances qui pouvaient nous rester, par la continuation de la guerre.

A quelles conditions, pourtant, aurait-on pu obtenir la paix? M. Thiers va nous le dire:

Voici son affirmation, consignée dans le *Journal de Bordeaux;*

Etrange fatalité, qui marque presque toujours les pas d'une république par l'arbitraire et la dictature de la minorité, alors que l'on ne cesse de répandre qu'elle est le gouvernement de tous et par tous, et la consécration des volontés de la nation !

Que se produit-il à Paris et en province?

A Paris, malgré la présence des 500,000 Prussiens qui le tiennent étroitement bloqué, quand l'intérêt de la patrie commande l'entente, l'unité, la solidarité des efforts, l'insurrection démagogique, y est presqu'en permanence. Elle menace le pouvoir ; elle lui livre des assauts acharnés ; elle arrête et séquestre les membres du gouvernement. Pour elle, l'ennemi est dans Paris et non au dehors. C'est dans Paris seulement, qu'elle veut com-

reproduite par le *Messager ée Toulouse* an numéro du 26 mai 1871 , affirmation que M. Thiers a répétée mille fois peut-être.

« Les conditious de la paix ! Ce n'est pas moi qui les ai faites: » c'est le 4 septembre. Le 31 octobre , j'eusse fait la paix si j'eusse » été le maître, sans donner un pouce de notre territoire, ni même » une pierre de nos forteresses ; les pierres nous seraient restées. » La Prusse, à cett époque, se contentait *du démentèlement de* » *Strasbourg et d'un milliard et demi.* »

Quelle révélation ! que de réflexions , que de regrets ne fait-elle pas naître dans le cœur !

On ne débattit donc pas sérieusement les conditions de l'armistice , ainsi que nous l'avions présenti ! !

Il n'est donc pas vrai que M. de Bismark restait inflexible , pour obtenir une cession de territoire et des forteresses ! ! !

Ces mots pompeux de Jules Favre, *Pas un pouce de terrain , pas une pierre de nos forteressee ,* n'étaient donc qu'une jonglerie pour se poser en patriote chatouilleux et sublime , pour exciter la fibre nationale, pour jeter un prétexte plausible de continuer la guerre !

Et puisque M. Thiers pouvait obtenir la paix le 31 octobre, aux conditions *d'un milliard et demi et du démentèlement de Strasbourg ,* Jules Favre et les autres membres du gouvernement ne l'eussent-

battre et agir. L'honneur et le salut de la patrie l'inquiè-
tent peu ; elle n'a qu'un objectif, renverser le pouvoir,
s'en emparer, pour se livrer ensuite aux orgies révolutionnaires. Et après avoir carrément refusé de marcher à l'ennemi, elle ne cesse d'entraver les efforts
de l'illustre général qui commande la place, lequel ne
peut disposer que d'une portion de ses forces pour ses
sorties, dans la nécessité qu'il est de contenir les ma-
nifestations les plus sacriléges.

En province, l'un des oligarches de septembre, un
avocat, y arrive inopinément en ballon ; s'y crée minis-.
tre de la guerre ; revêt les allures les plus despotiques,
les plus outrecuidantes ; ordonne des levées de troupe,
fait des réquisitions, compose des armées, les jette
tantôt sur un point, tantôt sur un autre point de la
France ; fait et défait des généraux ; prescrit des plans

ils pas obtenue, après la capitulation de Sédan, à des conditions
plus bénignes encore !

De tout cela, il ressort une chose pour tous les clairvoyants, à
savoir, que nos gouvernants, nos oligarques de Septembre, n'ont
eu en vue et pour but qu'un intérêt de parti et de domination
personnelle, avant les intérêts de la France : faire prévaloir la
République, et rester au pouvoir, le diriger ! ! !

Pourrait-on en douter ?

Est-ce que le citoyen Gambetta, même après la défaite du Mans,
la capitulation de Paris, le passage en Suisse de l'armée de Bour-
baki, le mouvement rétrograde de Faidherbe dans le Nord, en un
mot, quand tout était à peu près désespéré, ne voulait pas encore
continuer la guerre ? ne fit-il pas même, dans ce but, un appel aux
royalistes dont il se plut à exalter la valeur ?

C'est tout simple.... la France eût été complètement écrasée,
anéantie, mais qu'importe... il bénéficiait de quelques jours de plus
de règne ! ! !

Quelle belle page va réserver l'histoire à ces patriotes si désinté-
ressés et si consciencieux ! !

de campagne ; ordonne des batailles ; joue au *Carnot* avec un aplomb et une audace imperturbable, sans autre instruction stratégique que celle qu'il a acquise sur les bancs de la Faculté de Droit, sans autres conseils que ceux de quelques ingénieurs civils ; télégraphie chaque jour, avec de grands points d'exclamation (1), des dépêches qui relèvent l'espérance, qui promettent à Paris une prochaine délivrance ; et au fonds, toutes ses mesures sont fautives ou imprudentes ; tous ses plans sont mauvais et portent le cachet de la plus méprisable ignorance, de la plus déplorable incurie. *Il n'a su organiser que la défaite ;* nous sommes battus et repoussés partout. Nous ne pouvons secourir ni Paris, ni Belfort. En quelques mois, notre étourdi ministre a gaspillé près de trois milliards, compromis toutes les grandes et belles ressources de la France, environ 600,000 hommes ; et nous n'obtenons la paix qu'à l'humiliante condition, ainsi qu'il a été dit, de céder l'Alsace et la Lorraine, de compter cinq milliards d'indemnité avec les intérêts, de subir l'occupation étrangère jusqu'à parfaite libération.

Tel est, en résumé, le bilan des bénéfices pendant la première période de la nouvelle République.

Que s'est-il produit pendant la seconde période, depuis la paix ?

Les esprits se détendent un peu de nos si grands malheurs, il semble qu'on renaît à l'espérance. Un appel est fait au pays, qui élit une Chambre digne et

______

(1) Particularité relevée par Georges Sand.

honnête. L'œuvre de la réparation va commencer, chacun est disposé à y apporter son tribut ; et quelles que soient ses sympathies dynastiques, accepte sans murmurer ce gouvernement tant vanté *de tous et par tous.*

Mais voilà que la démagogie engage une guerre aussi terrible qu'effroyable contre la société, au sein de la capitale. Les armées de la Commune de Paris en viennent aux mains avec les armées du Gouvernement. Chaque jour se livrent des combats sanglants. L'on assiége des forts, l'on enlève des positions ; les champs de bataille sont jonchés de morts et de blessés de part et d'autre. La lutte à outrance rappelle celle contre les Prussiens ; elle émeut et terrifie toute la France. Quand finira-t-elle ? Quelle en sera l'issue (1)? Dieu le sait !...

Pendant ce temps, les saturnales révolutionnaires s'accomplissent dans Paris. L'on se croirait aux épouvantables époques de 93. L'on fusille les généraux ; l'on emprisonne les prêtres ; l'on ferme les églises ; l'on pille les caisses publiques ; l'on arrête les suspects ; l'on enrôle par violence ; l'on réquisitionne à tout propos ; l'on renverse et brise nos monuments de gloire (2) ; l'on met à sac certaines maisons particulières (3), on les démolit. Il n'y a plus de sécurité pour les personnes et les propriétés, l'anarchie promène partout ses fureurs dans cette capitale, naguère la capitale du monde civilisé. Tous ceux qui peuvent fuir, désertent cette cité

(1) La lutte avec la Commune de Paris était loin d'être terminée quand la brochure était sous presse.

(2) La colonne de la place Vendôme.

(3) La maison du grand historien M. Thiers.

maudite qui n'a plus, à l'heure qu'il est, que la moitié de ses habitants; où tout est mort, commerce, industrie, mouvement, circulation, promenades, fêtes, plaisirs; où la désolation, le deuil sont empreints partout et s'augmentent à chaque instant, par la vue des voitures d'ambulance qui ramènent les nombreux blessés de la lutte fratricide (1).

La province, où en est-elle à son tour?

(1) Nous le répétons, lorsque ces lignes étaient sous presse, l'insurrection de Paris résistait énergiquement.

Que d'horreurs, que d'infamies, que de scélératesses n'est-elle pas venue étaler encore depuis! La France en est consternée, l'Europe en frémit, la postérité refusera de les croire.

A quel parti appartiennent ces hommes fauteurs de tant de crimes?

A aucun, les brigands n'en ont pas.

Pour quelles idées combattent-ils?

L'incendie, l'assassinat, le vol, ne sont des principes que dans les cavernes.

Quelle cause servent-ils?

Celle d'un despote ou d'un tyran rendu par eux indispensable, peut-être, à titre de sauveur.

Qu'ont-ils été dans leur défense?

Des héros de monstruosité.

Qu'emportent-ils dans la tombe?

La couronne du forfait.

Quel nom auront-ils dans la postérité?

On appela les hommes de sang de 93, *équarisseurs de chair humaine*, *architectes en ossements et têtes de mort*, parce qu'au fonds ils poursuivaient un but, ils prétendaient édifier une nouvelle société, à la place de l'ancienne. Mais comment appeler des hommes qui tuent uniquement pour faire de l'extermination et du néant, autour d'eux!... qui incendient, uniquement pour faire disparaître les monuments artistiques de leur nation!... qui renversent les trophées, uniquement pour humilier et outrager la gloire du pays qui les a vu naître!...

A ces hommes, il n'y a que Némésis qui puisse leur trouver un nom.

Les plus grandes villes sont agitées à chaque instant par l'émeute et la sédition des communeux, qu'il faut réprimer avec l'intervention de la force armée. Le commerce est dans la détresse; les transactions habituelles sont suspendues; les travaux, les entreprises sont ajournés; le mouvement des affaires dans les tribunaux est insignifiant; chacun reste intimidé pour le présent et rempli d'appréhension pour l'avenir; chacun se demande où sera l'issue de tout ceci, et ne sait pas le voir. Chacun se demande comment la France pourra payer sa dette à l'étranger victorieux et faire face à toutes ses charges? comment elle pourra contenir le flot démagogique qui monte toujours? quand est-ce qu'elle pourra renaître à la sécurité, à l'ordre? quand est-ce qu'elle pourra reconquérir la confiance et la considération? quand est-ce qu'elle pourra vivre de la vie normale des nations?

Tel est le bilan des bienfaits de la seconde phase de la République.

L'épreuve n'est pas peut-être assez complète, il faut la pousser plus loin, patienter encore.

Il est possible....(1) Mais si l'on vient à marcher de déception en déception; si l'horizon politique se rembrunit de jour en jour; si la société est sans cesse battue par la tempête révolutionnaire, par les agitations de la rue; si le travail languit; si la source du crédit et de la confiance continuent à tarir; si les intérêts généraux

_____

(1) Pour notre part, nous désirons que l'épreuve s'achève et qu'elle soit loyale et sans arrière-pensée de la part de tous les partis.

et privés restent compromis par suite d'une situation constamment inquiétante ; si la résurrection, enfin , de la sécurité et de l'ordre ne s'accomplit pas, le pays devra-t-il donc subir des transes éternelles ! jouer son avenir, sur des essais tant de fois tentés si infructueusement ! devra-il attendre que le suicide soit tout à fait consommé !.. Non.

XII

Quel pourra être pour lui , alors , le gouvernement-salut ? Disons-le carrément , le gouvernement de ses rois légitimes , qui a pour blason le droit , pour base l'ordre , l'honnêteté , la morale , pour couronnement la liberté dégagée de la licence.

Pourrait-on douter que ce gouvernement ne fût pas tel, en regard de la grande figure qui en serait aujourd'hui la personnification ?

Conservez cet enfant, disait le commissaire du gouvernement, en jetant un regard d'intérêt sur le duc de Bordeaux qu'on amenait en exil, *il sera un jour le salut de la France !*

Ces paroles prophétiques semblent revêtir en ce moment, un caractère particulier d'actualité.

Les vertus et les qualités du prince héréditaire, ne viennent-elles pas confirmer cet horoscope ?

Proscrit dès son bas âge, il est l'élève de la grande école du malheur. Le sang des races antiques des rois coule dans ses veines, mais sans orgueil comme sans vanité. Son esprit est orné , sa raison solide, son instruction complète. La dignité, la bonté, l'intelligence s'affirment en lui dès qu'on l'approche. C'est aux principes des Châteaubriand, des Berryer, des Genoude, qu'il s'est inspiré pour ses idées politiques. Il est pénétré de cette grande pensée, que la marche progressive des institutions d'un peuple ne peut s'arrêter que lorsque l'ordre se trouve compromis ; ils est imbu de ce sentiment, qu'un gouvernement, pour s'approcher le plus de la perfection, doit arriver à ce résultat : exonérer complétement de la souffrance toutes les humbles conditions. Il sait aussi, qu'un prince n'est grand que lorsqu'il oublie et qu'il pardonne ; que lorsqu'il honore dans ses sujets l'intelligence et la probité, quelles que soient d'ailleurs leurs convictions ; lorsqu'il fait tous ses efforts pour les rapprocher et éteindre leurs divisions et leurs rancunes politiques (1).

Son attitude devant les phases et les grands événements qui se sont succédés en France, a toujours été réservée et digne. Il n'a jamais laissé transpirer l'ambition d'une couronne ; il n'a jamais non plus, compromis son caractère dans des conspirations, ou en fomentant des troubles et des désordres. S'effaçant sans cesse pendant que le trône était occupé par d'autres, il ne s'est révélé, que lorsqu'il s'est agi d'intervenir par des largesses, dans les malheurs publics ; il ne s'est jamais adressé au pays, que pour lui offrir son épée contre l'étranger.

---

(1) Voici les nobles paroles qui tombaient de son cœur, le 8 mai 1871 :

« Je ne suis pas un parti..... je n'ai ni injure à venger, ni ennemis » à écarter, ni fortune à refaire, sauf celle de la France..... »

En ce moment, il est à cette période de l'âge où la raison a toute sa force et sa prudence, le caractère toute son élévation, l'expérience toute sa maturité.

En ce moment encore, par suite d'une entente si heureuse, si désirée, se groupent autour de lui les membres de toutes les branches de sa dynastie ; par où se raffermit le principe tutélaire de l'hérédité, qui ne peut plus être heurté, désormais, par des compétitions ; par où de nouveaux gages viennent s'ajouter contre un retour aux idées du passé.

Un tel prince n'offre-t-il pas à la France les garanties les plus sérieuses ? Disons-le, il n'y a que lui pour la relever, si la République est impossible.

« Vous, Bordeaux, faites toujours le bonheur de « vos peuples quand vous serez roi ! »

Telle fut la recommandation de Louis XVIII en donnant, du lit de mort, sa bénédiction aux enfants de France.

Ces paroles, Henri ne put bien les comprendre, car il n'avait que quatre ans quand elles frappèrent son oreille.

Mais elles sont aujourd'hui comme le legs pieux de ses ancêtres, qui l'engagent d'honneur, qui résument tout son programme s'il monte sur le trône.